Collection « L'esprit économique »

fondée par Sophie Boutillier et Dimitri Uzunidis en 1996
dirigée par Sophie Boutillier, Blandine Laperche, Dimitri Uzunidis

Si l'apparence des choses se confondait avec leur réalité, toute réflexion, toute Science, toute recherche serait superflue. La collection « L'esprit économique » soulève le débat, textes et images à l'appui, sur la face cachée économique des faits sociaux : rapports de pouvoir, de production et d'échange, innovations organisationnelles, technologiques et financières, espaces globaux et microéconomiques de valorisation et de profit, pensées critiques et novatrices sur le monde en mouvement...
Ces ouvrages s'adressent aux étudiants, aux enseignants, aux chercheurs en sciences économiques, politiques, sociales, juridiques et de gestion, ainsi qu'aux experts d'entreprise et d'administration des institutions.

La collection est divisée en six séries :

Dans la série *Economie et Innovation* sont publiés des ouvrages d'économie industrielle, financière et du travail et de sociologie économique qui mettent l'accent sur les transformations économiques et sociales suite à l'introduction de nouvelles techniques et méthodes de production. L'innovation se confond avec la nouveauté marchande et touche le cœur même des rapports sociaux et de leurs représentations institutionnelles.

La série *Economie formelle* a pour objectif de promouvoir l'analyse des faits économiques contemporains en s'appuyant sur les approches critiques de l'économie telle qu'elle est enseignée et normalisée mondialement. Elle comprend des livres qui s'interrogent sur les choix des acteurs économiques dans une perspective macroéconomique, historique et prospective.

Dans la série *Le Monde en Question* sont publiés des ouvrages d'économie politique traitant des problèmes internationaux. Les économies nationales, le développement, les espaces élargis, ainsi que l'étude des ressorts fondamentaux de l'économie mondiale sont les sujets de prédilection dans le choix des publications.

La série *Krisis* a été créée pour faciliter la lecture historique des problèmes économiques et sociaux d'aujourd'hui liés aux métamorphoses de l'organisation industrielle et du travail. Elle comprend la réédition d'ouvrages anciens, de compilations de textes autour des mêmes questions et des ouvrages d'histoire de la pensée et des faits économiques.

La série *Clichés* a été créée pour fixer les impressions du monde économique. Les ouvrages contiennent photos et texte pour faire ressortir les caractéristiques d'une situation donnée. Le premier thème directeur est : mémoire et actualité du travail et de l'industrie ; le second : histoire et impacts économiques et sociaux des innovations.

La série *Cours Principaux* comprend des ouvrages simples, fondamentaux et/ou spécialisés qui s'adressent aux étudiants en licence et en master en économie, sociologie, droit, et gestion. Son principe de base est l'application du vieil adage chinois : « le plus long voyage commence par le premier pas ».

Le PIB,
ou la mesure de notre démesure

5-7, rue de l'École-Polytechnique, 75005 Paris

http://www.editions-harmattan.fr

ISBN : 978-2-336-47580-6
EAN : 9782336475806

Jean Latreille

Le PIB,
ou la mesure de notre démesure

L'Harmattan

Du même auteur

Mon professeur bien hai...mé (ou pourquoi on aurait tort de dire du mal de l'enseignement et de ceux qui s'en chargent), Éditions L'Harmattan, 2001, 176 pages

Merci les pauvres ! Éditions L'Harmattan, 2018, 193 pages

Cinoche et Société. Les intuitions sociologiques du cinéma populaire, Éditions L'Harmattan, 2019, 291 pages

Sale temps pour l'économie marchande, Éditions L'Harmattan, 2021, 198 pages

Escronomistes ! Ces théories qui abîment le monde, L'Harmattan, 2022, 130 pages.

Sommaire

INTRODUCTION
Un indicateur mal aimé

Tout le monde connaît ce moment tragique vécu par la reine mère dans *Blanche-Neige*. Les psychanalystes le nomment « l'expérience du miroir brisé ». Il s'agit du jour de notre existence où notre reflet dans la glace n'est plus conforme à l'image sur laquelle s'est construit notre narcissisme enfantin. Nous étions jeunes et beaux, autrefois. Mais désormais, notre miroir est formel : c'en est fini à jamais, de notre insolente jeunesse.

La colère que provoque en nous cette révélation monstrueuse se retourne alors, la plupart du temps, sur le porteur de mauvaise nouvelle. Et c'est le miroir que l'on brise.

Cela fait près d'un siècle que le PIB nous renvoie de l'économie une image d'éternelle jeunesse : sa croissance, même fluctuante, même ralentie, témoignait jusqu'à présent de la vitalité de nos systèmes productifs. Notre civilisation se prenait pour la plus belle du royaume.

Cette fougue insolente reposait sur l'ignorance, dans laquelle le PIB nous laissait, des dégâts provoqués par notre vivacité productive : car les stocks de ressources rares, des millions d'espèces vivantes et l'atmosphère elle-même souffraient en silence. Mais, dans le même temps, nous étions plus riches chaque année...

Certes, les économistes savaient, sans le crier sur tous les toits, que ce miroir de notre bien-être enjolivait beaucoup la réalité. Simon Kuznets lui-même, l'un de ses promoteurs, affirmait qu'il était présomptueux de faire dire au PIB plus que ce qu'il pouvait représenter : la somme des activités humaines rémunérées et déclarées.

Or, la prise de conscience des dégâts environnementaux de la croissance par nos sociétés leur offre un coupable tout désigné : c'est la faute du PIB !

On lui fait porter tous nos malheurs, y compris celui de ne mesurer que la dimension quantitative de nos existences - même si c'est un comble de faire ce reproche à un indicateur statistique précisément conçu pour ça.

De nombreuses voix s'élèvent alors, chez certains écologistes, pour demander que l'on casse le miroir. Mais pour quoi faire ? Il faudrait une génération entière pour remplacer le PIB par un « meilleur » indicateur : autant qu'il lui en a fallu pour s'imposer. Or, comme nous le verrons, nous n'avons plus le temps de remplacer le cruel miroir par un autre dans lequel il ferait bon se regarder en train de sauver le monde.

Il faudrait oser nous emparer de celui qui nous a fait ce que nous sommes et entendre ce qu'il nous dit désormais : nos existences productives sont des mensonges destructeurs. Nous sommes pris à partie par la jeunesse et par la vie, qui nous implorent de les aider.

Or, le verdict posé par l'étude du PIB est implacable : plus il augmente, plus notre impact sur le vivant s'aggrave. Briser le miroir n'y changera rien : il faut accepter le fait que nous avons grandi dans le mensonge de la beauté de nos activités économiques, confortables et destructrices. Il est l'heure de réparer les outrages du temps dont nous fûmes les complices silencieux et complaisants.

Ce que nous allons tenter de montrer dans cet essai, c'est que nous ne pourrons parvenir à freiner cette destruction en coupe réglée de notre environnement naturel qu'en réduisant le PIB quoiqu'il en coûte. Quoiqu'il « nous » en coûte.

Le PIB, victime expiatoire de la croissance

À chaque révolution son coupable idéal ! À la requête « critique du PIB », un moteur de recherche comme Google propose un peu moins de réponses (2 860 000) qu'à la critique de la démocratie, ce qui est normal, et beaucoup moins qu'à la critique de la science ou des médias

(600 000 000 réponses !). En revanche, chez les critiques du système capitaliste ou du productivisme, c'est presque un passage obligé, qui n'est plus du tout questionné. Et c'est bien dommage.

Les objecteurs de croissance ont trouvé depuis longtemps déjà, avec le PIB, la cible parfaite pour concentrer leurs attaques. Ils sont rejoints aujourd'hui par tous les inquiets des évolutions climatiques et de toutes les autres dégradations environnementales.

Si un procès devait être organisé à l'encontre du PIB, les attendus seraient les suivants :

Attendu que...

* *il sert à mesurer la croissance économique dont les limites sont désormais bien visibles et irréversibles*

* *c'est un agrégat économique monétaire, donc une donnée statistique dénuée de toute référence à quelque chose de sensible ou de vivant*

* *c'est un indicateur de puissance qui est indécemment élevé dans les économies dominantes*

* *il augmente même lorsque les activités considérées comme les plus nuisibles augmentent*

* *il n'augmente pas lorsqu'on est plus heureux ou lorsque la cohésion sociale s'améliore et que la justice sociale progresse*

* *il n'informe pas sur de nombreux domaines socioéconomiques considérés comme importants (inégalités, santé, espérance de vie, pollution, participation électorale, vitalité démocratique...).*

Et attendu que le critiquer n'engage à rien ceux qui le font et ne leur impose aucune sorte de contrainte ou de modification dans leurs propres modes de vie,

Le tribunal de l'opinion-mal-informée décide qu'il est temps de mettre au placard cet outil obsolète qui ne peut fasciner que les comptables, les économistes et les statisticiens qui vivent à ses crochets.

En 2023, le jeune économiste Timothée Parrique a connu un succès de librairie retentissant, et à vrai dire largement mérité, avec son ouvrage sur l'économie de la décroissance, *Ralentir ou périr*, dont une bonne partie est consacrée à la critique du PIB. Très actif médiatiquement, Parrique collectionne les phrases-choc contre le PIB, des sortes de punchlines qui font souvent mouche. En voici quelques-unes, sur lesquelles nous reviendrons dans cet essai[1] :

« Se réjouir d'une hausse du PIB sans connaître la façon dont il est calculé reviens à se réjouir de voir son réfrigérateur se remplir sans savoir de quoi » (p.27)

« Ce que le PIB mesure c'est l'agitation des flocons dans la boule, sorte de mesure de l'effervescence de l'économie monétaire ». (p.32)

« La boussole du PIB obscurcit plus qu'elle n'éclaire » (p.35) *« Le PIB, ce thermomètre rustique des années 1930 »* (p.52)

« Le PIB est en bonne partie une agitation aveugle stimulée aussi bien par l'essor des choses essentielles que par l'amoncellement de choses inutiles ». (p.107)

« Personne ne regrettera sur son lit de mort de n'avoir pas assez contribué au PIB » (p.145).

« Penser que le PIB augmente le bien-être c'est regarder le doigt qui montre la lune » (p.151).

« Le PIB mesure fidèlement l'agitation monétaire » (Décroissances p.66).

« Nous sommes sociopolitiquement obsédés par le PIB » (Décroissances p.70).

Parrique reprend également à son compte une citation d'Eloi Laurent qui résume assez bien l'ensemble des critiques faites au PIB :

« Le PIB est borgne au bien-être économique, aveugle au bien-être humain, sourd à la souffrance sociale et muet sur l'état de la planète. » (RoP p.31)

Eloi Laurent ne plaide pas seulement pour une sortie de la croissance, mais pour une sortie du PIB. Après avoir traité de « forcenés » tous ceux qui s'accrochent à cet indicateur, il écrit : *« Nous n'avons plus besoin du PIB, et, puisqu'il est devenu un obstacle à notre compréhension comme à notre réforme du monde, nous pouvons en débarrasser nos institutions et nos esprits à profit*[2] *»*

Dans une surenchère aux accents révolutionnaires, Timothée Parrique a finalement posté sur le réseau social LinkedIn des attaques frontales de ce genre :

« La croissance du PIB crée des activités dont presque personne n'a besoin et des emplois dont presque personne n'a envie ». Les habitants sans-emplois des régions sans activités économiques apprécieront…

Et c'est finalement une déclaration de guerre que notre économiste décroissant engage en déclarant : *« Il faut saboter le PIB, arrêter de le calculer et brûler la recette » (LinkedIn, avril 2024)*

La guerre est déclarée, donc. Mais *« tout le monde »* est-il vraiment *« d'accord pour dire que le PIB est obsolète »*, comme l'avance Timothée Parrique ? Nous allons voir que non.

Has been, le PIB ?

Comme on le voit, Parrique a indubitablement le sens de la formule. Et de mon côté, je suis convaincu que seule la décroissance productive est la voie de salut de l'humanité face aux dégradations environnementales que nous ne parvenons pas à freiner. Mais alors, pourquoi concentrer une partie de mes critiques sur ce qu'il dit du PIB ? Par esprit de contradiction ?

Ou pire (je me doute bien que certains y pensent) pour courir après son succès bien mérité ? Pour faire ma place dans le petit monde des économistes de la décroissance ?

Pour aucune de ces raisons, en vérité. Le fait est que j'ai entamé une critique des « critiques de la croissance » dans mes deux essais précédents. J'ai commencé avec une réflexion sur l'économie du donut de Kate Raworth dans *Sale temps pour l'économie marchande*. Et ce sont les analyses d'Eloi Laurent, auteur de *Sortir de la croissance*, que j'ai remis en cause dans *Escronomistes ! Ces théories qui abîment le monde*[3].

Depuis quelque temps, je passe les critiques habituelles de la croissance au filtre des raisonnements économiques et physiques les plus élémentaires. Dire, comme Eloi Laurent, que la croissance est responsable des inégalités n'implique pas que la décroissance les réduira automatiquement. Beaucoup de mécanismes bien connus en économie, comme le multiplicateur keynésien, permettent de douter de l'impact décroissanciste d'une réduction planifiée des inégalités dans le monde.

Timothée Parrique cite abondamment Eloi Laurent, et de façon très fidèle. Leurs travaux sont idéologiquement très proches. Mais je regrette qu'ils soient tous les deux si désireux de rendre la croissance séduisante. Car il est fort possible qu'elle ne le soit pas[4].

De mon côté, je prolonge dans le présent essai un travail qui trouve son équivalent dans celui d'un penseur comme Vincent Mignerot[5]. Celui-ci cherche à mettre en évidence des mécanismes de « collapswashing » chez les défenseurs de la transition énergétique. Derrière cette expression, il regroupe les auteurs, scientifiques, techniciens ou essayistes, qui parlent de l'avenir de l'énergie en cherchant à montrer qu'une transition est possible sans jamais en faire la moindre démonstration.

En effet, la preuve n'est pas faite que les solutions proposées par les défenseurs de la transition énergétique ne produisent pas des rejets ou des pollutions supérieures à celles que l'on entend réduire. Les travaux de Vincent Mignerot vont dans le sens général de ceux de Jean-Baptiste Fressoz qui a montré qu'on n'a jamais observé au cours de l'histoire de processus de substitution des énergies, mais juste une accumulation des différentes sources, qui se renforcent par synergie (c'est-à-dire en s'appuyant les unes sur les autres)[6].

Mignerot n'en déduit pas que ce qui n'a jamais existé (la transition au cours de laquelle une source d'énergie disparaît en étant remplacée par une autre) ne pourra jamais se produire, mais que si c'est possible, on devrait pouvoir en faire la démonstration. Sinon, les discours sur la transition énergétique ne sont que des récits visant à cacher qu'un effondrement (« collapse », en anglais) est inévitable.

Je pense que la même démarche doit être menée en économie. Il est démontré clairement que la croissance sans frein mène à l'effondrement et au maintien ou à la croissance de certaines inégalités (par concentration des revenus des uns et dégradation du travail ou des conditions de vie des autres). En revanche aucune preuve n'est faite que l'inverse de la croissance, même planifiée démocratiquement comme le propose Timothée Parrique, mènerait à une gestion parcimonieuse des ressources et à une baisse de la production des déchets, si des mécanismes comme la hausse de la productivité du travail et même de la réduction des inégalités étaient maintenus ou enclenchés.

Les discours sur la décroissance les plus en vogue actuellement ne seraient alors que des façons de rassurer les inquiets des évolutions environnementales et d'éviter, en leur offrant une porte de sortie électorale, de se jeter dans les bras du premier populiste venu, qu'il soit climatosceptique ou interventionniste climatique réducteur de libertés. On n'irait pas plus loin qu'une forme de collapso-rassurisme[a].

---

[a] Dans le sillage de Serge Latouche, qui propose *éco-blanchiment* pour *green-washing*, je proposerais volontiers à Vincent Mignerot le terme *collapso-rassurisme* plutôt que *collapswashing*.

Je voudrais inviter mes lecteurs, que j'espère soucieux des évolutions environnementales provoquées par notre société ultra-productiviste, à oser affronter les questions qui fâchent. Et surtout à ne pas emprunter que les chemins qui offrent des issues favorables associées à des positions moralement inattaquables. La destruction systématique de notre environnement, des écosystèmes et de l'ensemble du vivant (dont nous faisons partie) est une affaire trop grave pour qu'on choisisse la voie la plus simple pour y réfléchir. Et pour cela, je voudrais faire avancer l'idée que se débarrasser du PIB n'est qu'une solution de facilité et que cela nous ferait perdre du temps face à l'urgence environnementale.

La critique du PIB : une voie sans issue ?

Personne n'est jamais tombé amoureux d'un PIB. Même pas les comptables nationaux qui l'évaluent.

En revanche, pour reprendre un fameux slogan de mai 68[b], certains sont en admiration devant les taux de croissance économique, ceux qui donnent l'évolution annuelle du PIB. C'est même, de façon étonnante, le cas de personnes qu'on soupçonnerait le moins de faire le jeu du système productiviste, ce mode de production aveugle aux dégâts qu'il génère. Michel Rocard, en 2015, ne déclarait-il pas : *« Avec 1 % de croissance, on ne résout rien. Il faudrait près de 3 % »*[7] ?

Notre ancien premier ministre socialiste, formé à l'ENA, connaissait mieux que d'autres ce que mesure (même imparfaitement) le PIB. Et il savait que plus de PIB, c'était plus de revenus, plus d'emplois, plus de recettes fiscales donc plus de possibilités d'orienter l'économie vers un chemin désirable écologiquement et socialement. En réalité, ce n'était pas le PIB qu'il aimait, mais ce qu'il permettait de faire. Augmenter le PIB n'est pas une fin en

[b] *« On ne tombe pas amoureux d'un taux de croissance ».*

soi : c'est juste un moyen puissant pour faire plein de choses.

Pourquoi est-il si contesté, alors ?

Parce que le niveau des indicateurs de destruction de la biodiversité, des ressources rares et du climat est désormais si alarmant, qu'un vent de contestation légitime se lève pour rechercher et dénoncer les coupables d'une telle situation.

Bien avant de critiquer les décroissancistes, j'ai commencé par attaquer autant que possible tous les partisans du système productiviste. On pourra donc être étonné de me retrouver ici en défenseur de l'indicateur phare de la croissance économique. Mais j'ai quelques bons arguments pour me lancer dans cette entreprise, et j'espère que certains toucheront leur cible. Le plus puissant d'entre eux se formule de la façon suivante : le PIB étant la mesure la plus fiable de la prédation sur le vivant par les activités humaines, nous aurions tort de le perdre de vue et de ne pas nous en servir pour changer de cap.

Car le fait que le PIB est une mesure imparfaite de la richesse n'est pas un argument qui justifie son abandon. En effet, un peu comme pour le cholestérol, on raconte qu'il existe du « bon PIB » et du « mauvais PIB ». Cette idée repose sur le constat selon lequel le PIB enregistre comme de la croissance tout ce qui génère des revenus, sans préjuger de la nocivité ou des bienfaits apportés par les activités économiques concernées.

Ainsi, le commerce des mortiers incendiaires participe à la hausse du PIB. Un casseur, par la mobilisation de moyens que son « activité » implique, participe donc, à sa façon, à la croissance économique. C'est ce que les économistes nomment les *dépenses défensives* : ils désignent de cette façon les activités de réparation des dégâts créés par la croissance économique. C'est le cas de toutes les activités médicales qui réparent les accidentés de la route, ou de la décontamination des bâtiments amiantés, par exemple. Toutes les activités de réparation ou de dépollution augmentent le PIB.

Cette façon de partager la mesure du PIB en deux types d'activités, certaines avec des conséquences néfastes alors que d'autres participent à l'amélioration de nos conditions de vie, a une conséquence que je considère comme très fâcheuse : il ancre chez chacun l'idée qu'il y aurait une « bonne » façon de faire de la croissance. Tout ne serait qu'une affaire de choix des activités vertueuses pour l'humanité, au premier rang desquelles viendraient se placer toutes celles qui concernent la transition énergétique et la résilience climatique, qui sont pourtant bien moins urgentes que d'autres besoins à satisfaire[8].

Or, écologiquement parlant, le « mauvais PIB » est celui qui détruit le vivant et réchauffe le climat. Mais toute activité économique, quelle que soit sa finalité, est émettrice de CO_2 dans la mesure où elle mobilise des ressources qui utilisent un peu plus que les moyens du bord (c'est-à-dire la biomasse, nom donné aux ressources naturelles directement exploitables par les humains) ! Et à cet égard, même la production agricole, dont la nécessité est pourtant niée par personne, relève à l'heure actuelle du « mauvais PIB » dans les pays riches, compte tenu de son utilisation massive des engrais azotés, des pesticides et des énergies fossiles qui font tourner le matériel agricole.

Paradoxalement, seules certaines activités aussi inutiles que la spéculation financière ou immobilière sont capables de faire augmenter le PIB sans trop émettre de CO_2... En outre, la distinction entre bon et mauvais PIB nous condamne à imaginer une gestion administrée du PIB dont il faudrait exclure certaines activités. Ce qui poserait quelques problèmes politiques majeurs.

L'un d'eux serait l'impossibilité, en fait, de supprimer un grand nombre d'activités défensives. Tant qu'il y aura des malades liés aux pollutions cancérogènes, par exemple, il faudra bien les soigner. Il existera toujours du « bon PIB » produit par du « mauvais PIB ». Les deux font la paire. C'est moralement déplaisant, mais c'est comme ça.

Cependant, le problème le plus important sera de nature démocratique : qui décidera des activités à exclure, non pas du PIB, mais du champ des activités licites ? Si on me le demandait, les activités de publicité ou de transport aérien, que je n'utilise jamais, ou la construction et la gestion des équipements voués aux sports de compétition, dont l'existence m'est totalement étrangère, pourraient toutes faire partie du lot. Mais je ne suis pas sûr que tout le monde me suive dans cette voie.

Et je crains même, à vrai dire, que certains considèrent l'enseignement de l'économie comme l'activité la plus nuisible entre toutes, celle dont on devrait se priver sans plus tarder pour réduire le PIB. Malgré mes critiques virulentes contre les économistes, je ne suis pas sûr d'être du même avis…

Genèse de la « critique de la critique » du PIB

Je ne suis pas le premier à répondre aux critiques du PIB par une mise en garde qui ne soit pas faite au nom de la croissance économique. Antonin Pottier, s'est fait connaître en 2016 pour son essai *Comment les économistes réchauffent la planète*[9], dans lequel il montrait que les économistes ne voyaient qu'une chose pire que le réchauffement climatique : la récession (ou la perte de PIB) que pourrait entraîner une politique climatique trop ambitieuse.

En 2018, il a publié un petit article[10] intitulé « Les nouveaux indicateurs de richesse modifieront-ils la croissance ? » Il rappelait, quatre ans avant la sortie du best-seller de Timothée Parrique, combien ces nouveaux indicateurs étaient *« porteurs des plus grands espoirs de transition vers une société culturellement plus épanouie, socialement plus juste, écologiquement plus durable, vers une nouvelle prospérité »*. Mais il mettait immédiatement en garde : *« Concevoir le changement social comme le remplacement d'un indicateur par un autre est une facilité que l'on ne peut se permettre »*. Son argument principal était moins économique que politique. Il s'appuyait sur une histoire de la comptabilité nationale, ouvrage collectif publié sous la direction de François Fourquet en 1980 et intitulé *Les comptes de la puissance*. Fourquet y affirmait notamment que le PIB est avant tout un indicateur de puissance. Comme l'explique Pottier : *« Un PIB élevé signale une capacité d'influence économique en temps de paix et de mobilisation militaro-industrielle en temps de guerre »*. *« La croissance zéro, c'est la puissance stagnante »*, écrivait Fourquet, ce à quoi Pottier répond en écrivant *« La décroissance, c'est la puissance déclinante »*.

De façon assez prémonitoire, Pottier en déduisait la raison pour laquelle aucun gouvernement ne s'engagera dans la disparition du PIB : *« Il est toujours possible, pour une nation déterminée, d'en finir avec la "dictature du PIB", de tenter une désescalade de la puissance par une décision unilatérale. Mais c'est aux risques et périls du pays qui l'engage, et très peu s'y sont aventurés : la tendance observable est plutôt au réarmement*[11] *»*.

Pourtant, et c'est un peu paradoxal, Pottier montre dans l'article que le PIB n'est pas un indicateur qui augmente sur commande, et surtout pas par la volonté des politiques. *« La croissance du PIB n'est que la manifestation agrégée d'évolutions qui se déroulent d'abord au niveau micro-économique. Les agents économiques, les travailleurs comme les capitalistes, ne connaissent pas les indicateurs agrégés de la comptabilité nationale. Ils ne prennent pas leurs décisions en fonction de l'impact qu'elles auront sur un indicateur comme le PIB (...) »*.

En fait, Pottier montrait que les politiques comme les critiques du PIB partagent une vision performative du PIB :

c'est son existence qui ferait la croissance et la recherche de sa hausse qui le ferait augmenter. Or, n'importe quel économiste sait que cela est faux. Le PIB est un résultat, et il n'est la cause de rien. Pottier en déduisait que *« sans changement des manières de faire et de calculer des agents privés, l'"abolition" du PIB et son remplacement par un véritable indicateur de richesse, une vraie mesure du progrès social et écologique, se limiteront à un pur effet d'annonce »*. Une façon de dire que changer l'indicateur ne peut se concevoir qu'en changeant le système. Parrique ne dirait pas le contraire.

Pottier concluait son article en exprimant sa crainte que *« les espoirs de transformation sociale portés par les nouveaux indicateurs de richesse [soient] immanquablement déçus »*. Il ne se trompait pas.

On ne se bat pas contre un indicateur statistique

Entre la sortie en 1934 du rapport de Simon Kuznets, considéré habituellement comme l'acte de naissance du PIB et l'intégration en 1976 des activités de services non marchands dans le PIB, il aura fallu près de 40 ans pour installer un indicateur de revenu national qui tienne la route. Ceux qui le critiquent le savent bien : nous n'avons pas autant de temps pour régler, si tant est que ce soit possible, l'ensemble de nos problèmes environnementaux, climat compris. Les défenseurs du vivant savent que nous avons des problèmes bien plus urgents à résoudre que de construire laborieusement une nouvelle boussole pour nos activités économiques. Mais alors, comment expliquer le succès croissant de tous les ouvrages ou conférences de ces écologistes et économistes de bonne volonté, dont l'essentiel de l'énergie est consacré à crier « haro sur le PIB » ?

Nous verrons dans cet essai que le PIB est le symbole parfait de ce que détestent les objecteurs de croissance, à commencer par le fait qu'il est présenté, bien à tort selon moi, comme une mesure des richesses créées. Même si de nombreux ouvrages venus d'outre-Manche et d'outre-Atlantique alimentent le chœur des critiques du GDP[c], c'est bien en France que cette contestation rencontre le plus d'écho favorable. Et ce n'est nullement par hasard. Car la critique de l'argent corrupteur et aliénant rassemble chez nous l'ensemble des héritiers des valeurs chrétiennes et tous les courants plus ou moins marxistes, unis dans un même élan. En France, ça fait pas mal de monde, en particulier chez les intellectuels.

Or, quel plus gros agrégat monétaire que le PIB existe-t-il ? À peu près aucun. Même pas la masse monétaire au sens strict, c'est-à-dire la quantité globale de monnaie en circulation. En raison de la vitesse de circulation de la monnaie qui fait que chaque unité de monnaie sert plusieurs fois par an, nous n'avons pas besoin d'autant de monnaie disponible que la valeur totale des échanges monétaires que nous effectuons. Seule la dette mondiale est très supérieure au PIB mondial : bientôt trois fois supérieure. Mais la première est un montant de dettes accumulées depuis des décennies, qu'on ne peut comparer à l'ensemble des revenus versés pendant une seule année.

Ainsi, l'argent qui circule et qui corrompt est, aux yeux des critiques de la croissance, une divinité à abattre. Le PIB, qui est son prophète, devrait donc être combattu de toutes nos forces, affirment-ils. Curieusement, leur combat est en train de porter ses fruits : les économistes accumulent les nouveaux indicateurs de richesses. Mais, ironie du sort, ce sont tous des indicateurs de croissance…

L'histoire de l'école française des nouveaux indicateurs de richesse (NIR) nous permet de comprendre comment le combat contre les indicateurs monétaires de croissance a été perdu, au profit des partisans de la croissance. Elle a été

---

[c] GDP : Gross Domestic Product. C'est le nom anglais du PIB.

racontée par l'une de ses principales protagonistes : la sociologue Dominique Méda[12].

Le *Forum pour d'autres indicateurs de richesse* (FAIR), qu'elle avait cofondé avec les économistes Jean Gadrey et Florence Jany-Catrice était représenté à toutes les réunions où se dessinait et s'organisait la possibilité de construire une vision de l'économie qui ne soit plus obsédée par la création aveugle de richesses monétaires.

L'idée-force, portée par ce collectif, était de lutter contre l'idéologie de la croissance économique. Or, comme cette dernière est mesurée par les taux de variation annuels du PIB, ils considéraient qu'une mise sur la touche de cet indicateur au profit d'autres mesures plus pertinentes de nos activités, qui mettraient en évidence leur impact social et environnemental, était un juste combat politique.

Car il ne faut pas se cacher que cette équipe était constituée de socialistes militants, néokeynésiens pour certains, écologistes convaincus pour d'autres, et tous persuadés que la logique d'extension de la logique marchande ne pouvait pas offrir un avenir serein aux générations à venir.

Ce rappel politique est essentiel. Car, d'une certaine façon, le combat pour de nouveaux indicateurs a été mené. Mais, un peu comme la lutte des classes, il a été perdu par ceux qui l'ont déclarée. Nicolas Sarkozy, habilement conseillé par Henri Gaino, a mis en place sans prévenir, en 2008, un groupe de réflexion sur les nouveaux indicateurs de richesse, mené par trois économistes de renom, et pas des plus libéraux. Leur rapport n'a fait que recenser toutes les critiques connues faites au PIB (celles portées par le FAIR depuis longtemps), et a proposé une gamme de nouveaux indicateurs sociaux et environnementaux, sans plaider pour un indicateur chiffré unique. Et puis, calme plat pendant quelque temps.

Jusqu'à ce que, progressivement, l'idée de mettre en évidence de nombreux indicateurs complémentaires à celui de la richesse monétaire évaluée par les comptables nationaux émerge au sein des institutions internationales.

Et c'est là que survient le drame : car entre-temps, une théorie croissanciste néo-schumpétérienne avait pris une place considérable dans les hauts lieux du pouvoir, jusqu'à être considérée comme la seule explication légitime des facteurs de la croissance.

Or, que dit cette théorie, dans l'une de ces approches[13] ? Qu'un pays avec des individus en bonne santé et bien instruits est plus innovant, donc plus productif que n'importe quelle autre. Et que même les institutions politiques porteuses de justice sociale peuvent accélérer les performances d'une telle économie.

Il n'en fallait pas plus pour que l'on développe des indicateurs de capital humain, de capital social et de capital environnemental pour identifier et mesurer dans chaque pays la richesse dans sa version la plus large : l'ensemble de toutes les capacités productives d'un pays.

Et voilà comment un beau combat a été perdu, reconnaît Dominique Méda avec un certain fair-play dans son article de 2020. Car en réclamant de nouveaux indicateurs de richesse, les opposants à l'idéologie de la croissance ont été entendus : les pays mesurent désormais autre chose que la richesse marchande. Ils mesurent tout ce qui compte socialement, humainement et écologiquement mais qui n'est rien d'autre que ce qu'on peut considérer comme étant les principales sources… de la croissance du PIB ! Et ils les comptent en unités monétaires, bien sûr.

Certes, tous les indicateurs monétaires sont critiquables. Mais ceux qui sont non monétaires sont peu utiles pour les économistes. On me pardonnera pourtant de douter, quels que soient les défis environnementaux qui nous attendent et leurs conséquences sur nos activités économiques, que la monnaie disparaisse de sitôt dans nos économies. Je partage volontiers toutes les critiques de l'argent mais soyons réalistes : nos économies auront quitté la logique marchande et capitaliste bien avant qu'on ait commencé à renoncer à une institution aussi complexe et ancrée dans la culture universelle que la monnaie.

« Il faut bien commencer par quelque chose », répliqueront les contempteurs du PIB, qui vivent de plus en plus mal la marchandisation du monde et l'omniprésence de l'argent dans tous les domaines de l'existence. Certes. Mais le PIB n'est pas qu'un gros étendard indécent de nos pseudo-richesses monétaires. Il est bien plus que cela. C'est ce que je voudrais mettre en évidence dans cet essai. Le PIB peut même certainement nous être d'une grande utilité, si l'on parvient à s'en faire un allié.

Machiavel disait *« Si tu peux tuer ton ennemi, fais-le, sinon fais-t'en un ami »*. Cela vaut aussi lorsque votre pire ennemi est secondé efficacement par un bras droit redoutable. Les deux façons de le vaincre sont alors de tuer son fidèle second, ou de le convertir à votre cause. C'est cette deuxième voie que je voudrais proposer dans cet essai qui refuse les fausses évidences économiques. Je vais tenter de vous expliquer pourquoi *sauver le PIB* et le convertir à notre cause serait bien plus efficace que de s'en débarrasser, au nom précisément de la défense du vivant et de la biosphère, mis en péril par nos activités économiques. Volons le PIB à notre ennemi, le système productiviste, et transformons-le en un emblème de notre combat décroissanciste.

Comprendre ce qui nous dépasse

Il nous faudra, pour cela, comprendre ce que mesure le PIB. « Vaste programme », aurait dit le Général... En effet, le PIB a beau être une vedette indétrônable, parmi les indicateurs économiques, il n'en reste pas moins très mal connu du grand public. Quant aux économistes, s'ils connaissent tous son mode de calcul[14], ils lui accolent souvent des interprétations douteuses.

Nous réfléchirons ensuite à tout ce que le PIB ne compte pas, en nous demandant dans quels cas ces oublis (ou cette impuissance à compter) doivent être réparés.

Après avoir fait le tour des mauvais usages et des mauvaises interprétations du PIB, nous verrons que l'on peut s'en servir comme d'un indicateur de *ce qu'il ne faut pas faire* si l'on veut préserver nos conditions d'existence. Et c'est précisément son omniprésence actuelle, son hégémonie selon les critiques de la croissance, qui justifiera que l'on s'empare de cet agrégat superstar pour en faire le principal allié des politiques de décroissance à venir.

Sauf, bien sûr, si l'on est convaincu que les revenus, comme les arbres, peuvent monter jusqu'au ciel. Mais le ciel, quoi qu'on fasse désormais, sera de plus en plus perturbé par les « déchets » produits sans modération depuis le début de l'ère thermo-industrielle[15].

Dans un monde bien parti pour détruire ses propres fondements, il faut espérer que nous saurons soumettre le PIB à notre volonté de survie. Ce sera, pour commencer, la partie la plus facile du chemin qu'il nous faudra parcourir. Se lancer dans la lutte pour réduire concrètement tout ce qui le fait croître « systématiquement » sera ensuite un combat autrement plus difficile à mener. Car il faudra se priver des nombreuses sucreries inventées avec malice par le système productif thermo-industriel pour nous pousser à consommer toujours plus. Mais ce sera la seule voie efficace pour parvenir enfin à faire tomber la température mesurée par ce thermomètre de nos infamies.

INTERLUDE INTRODUCTIF

Éternels pour quelque temps

Pendant de longs siècles, l'humanité a vécu en relative harmonie avec son environnement naturel. Cette harmonie rétrospective n'est pas à rechercher dans une image bucolique de quelques braves paysans travaillant la terre en sifflotant. Il n'est pas question de faire oublier qu'ils luttaient alors durement contre des aléas naturels face auxquels ils avaient du mal à se prémunir.

Mais que les humains l'aient vraiment voulu ou qu'ils aient juste manqué des moyens d'être de plus grands prédateurs, les gens ordinaires ne prélevaient pas plus que ce que leur offrait la nature. Ils ne produisaient que des déchets dont elle faisait son affaire. Il ne fallait pas longtemps, en ces temps-là, pour que disparaissent les stigmates du passage sur terre des communautés humaines.

Un jour, pourtant, une puissance fossile tirée des entrailles de la Terre bouleversa nos existences : grâce à elle, nous avons pu répandre à perte de vue les traces de nos activités prédatrices. La terre disparut peu à peu sous un épais manteau de bitume imperméable, sous d'immenses couches de béton et de graviers venus du fond des rivières et déposés là, sous nos pieds qui ne supportaient plus d'être souillés par la boue collante de la terre humide. Rapidement, il ne subsista plus aucune limite à nos désirs d'expansion, à nos réalisations les plus folles, à nos projets les plus démesurés. Cette fois-ci, nous en fumes convaincus : nous allions enfin être éternels. Nous avions la puissance nécessaire pour le devenir.

Les marchands se ruèrent sur l'occasion, qui était trop belle, de faire de cette conquête du monde un terrain de jeu commercial. Tout était à vendre ! Tout était source de profit ! Et, cerise sur le gâteau, les économistes emballèrent l'ensemble sous le vernis du bien-être et de la satisfaction d'une foultitude de besoins. Une fois comblés les plus essentiels d'entre eux, les consommateurs les plus en avance dans la course à la richesse firent une intense promotion pour des besoins dont on s'était fort bien passé jusqu'alors : les babioles envahirent le monde, ainsi que les appareils électriques capables de faire tout et n'importe quoi à notre place. Les machines, non seulement nous nourrissaient, mais nous lavaient les dents et nous divertissaient, et parfois même nous faisaient rencontrer l'amour d'un jour ou d'une vie.

Pour les artistes, cependant, les mystères de l'amour et de la mort restaient entiers. La beauté, attaquée de toutes parts, résistait autant qu'elle le pouvait aux mots, aux représentations picturales et aux mélodies humaines. Il était toujours aussi difficile qu'avant de dire « je t'aime ». Les énergies fossiles n'y pouvaient rien du tout.

Les travailleurs de la terre, non soumis au marché, furent effrayés de la façon dont le système productif agressait et violentait les sols. Rien ne pouvait justifier une telle débauche de moyens, un tel massacre des espèces. Il fallait que cesse un jour la folle prédation thermo-industrielle.

Mais comme personne n'avait vraiment décidé un jour que commence cette longue parenthèse d'hyperpuissance énergétique, il était impossible que quiconque en décide l'arrêt. Pendant plus de deux siècles, l'humanité assista à l'expansion et au déclin d'une folie productiviste, destructrice du monde.

Pourtant, un jour vint où les paysans retrouvèrent leurs terres. Les artistes continuèrent à chercher de nouvelles façons de dire « je t'aime ». Les gens nouèrent à nouveau des liens solides. De vraies communautés se formèrent à nouveau autour des ressources disponibles.

Mais il en aura fallu du temps pour que l'humanité, se redécouvrant mortelle, apprenne de nouveau à vivre.

CHAPITRE UN
Le PIB, ce célèbre inconnu

Avec les statistiques du chômage, le PIB est la statistique publique la plus connue et la plus surveillée d'entre toutes. Au sein de la tribu des agrégats de la comptabilité nationale, ces grandeurs monétaires qui font la somme des indicateurs de dépenses et de richesses inscrits aux comptes de la nation, le PIB est le plus populaire. Peu de gens commentent l'évolution de la consommation finale, par exemple, qui nous concerne pourtant tous de beaucoup plus près.

Pour sa part, le PIB, même s'il traîne une réputation de plus en plus sulfureuse, est une mesure statistique dont la plupart des gens connaissent l'existence. Il suffit d'avoir suivi quelques cours d'histoire géographie dans sa vie ou entendu quelques politiques invoquer la puissance de l'économie française pour avoir croisé cet acronyme qui retentit comme une alerte : PIB ! PIB ! PIB !

Il suffit de faire une tour sur un moteur de recherche pour avoir une idée rapide de la « popularité » du PIB et d'autres notions qui lui sont proches, dans l'espace numérique des débats publics[16]. Voici le nombre de résultats obtenus à diverses requêtes liées à la richesse :

Fortune :	15 200 000	Richesse :	1 040 000
Argent :	9 990 000	Pauvreté :	704 000
PIB :	6 060 000	Indicateur de richesse	672 000
Patrimoine :	5 190 000	PIB par habitant :	494 000
Puissance :	4 070 000	Croissance éco. :	160 000
Bonheur :	2 980 000	Milliardaires :	106 000
Revenus :	1 920 000	Richesse nationale :	100 000
Bien-être :	1 460 000	Millionnaires :	77 800

Si la fortune et l'argent arrivent en tête des termes économiques les plus souvent évoqués, le PIB arrive juste derrière, bien avant d'autres notions auxquelles on pourrait l'assimiler. Si les gens s'intéressent plus à leur bien-être et à la richesse qu'au PIB, cela ne se voit pas dans la popularité numérique de ce dernier, qui est bien plus grande. Il est encore plus souvent cité que la croissance économique qui mesure son évolution et dont on ne cesse de répéter qu'elle obsède les populations des pays riches.

En réalité, on peut affirmer sans prendre trop de risques, et en s'appuyant simplement sur son expérience personnelle, que personne ou presque ne connaît vraiment cet indicateur statistique, malgré son immense popularité. Développer l'acronyme est déjà un exercice sur lequel beaucoup de gens butent : Produit Intérieur Brut. Quel est donc ce mystérieux « produit » dont on parle au singulier ? Que désigne-t-on par « intérieur » ? D'ailleurs, pourquoi n'est-il pas national, comme le PNB ? Et si les gens ont une petite idée de la différence entre leur salaire brut et leur salaire net, appliquer cette notion de brut à un indicateur de richesse nationale n'est pas à la portée de toutes les intelligences.

En fait, le PIB est au fond comme n'importe quel appareil technique complexe : on sait qu'il existe, mais on ignore complètement comment il fonctionne. Par de nombreux aspects, le PIB est la « centrale nucléaire » des indicateurs statistiques : il est puissant, connu de tous, il a fait la preuve de son efficacité mais il est vivement critiqué pour sa dangerosité réelle ou supposée.

Pire encore : la plupart des gens sont bien incapables d'en estimer correctement les dimensions. L'exercice est simple à faire autour de vous : interrogez votre entourage et demandez à chacun s'il pense avoir une idée du montant du PIB de l'année précédente. Je vous garantis un taux de non-réponses et de réponses fausses absolument époustouflant. Vous-même, qui venez de vous lancer dans la lecture de cet essai sur le thème du PIB, un sujet qui visiblement vous intéresse, avez-vous une petite idée du montant du PIB français en euros ?

Avant de vous donner la réponse dans quelques lignes, j'aimerais que vous répondiez dans votre tête à cette question. Je vous laisse évidemment la possibilité de répondre : « je n'en sais fichtrement rien ». Mais si vous commencez à prendre le temps de réfléchir, vous allez immédiatement vous poser la question de l'unité de mesure. Vous savez sans doute qu'on ne raisonne pas en milliers d'euros, qui sont l'ordre de grandeur du prix des automobiles, ni en centaines de milliers d'euros, qui font le prix d'un logement.

Au-delà, ça devient beaucoup plus flou, puisqu'on manque de repères. Certains s'appuieront sur le chiffre d'affaires de leur entreprise, s'ils le connaissent : on raisonne alors assez vite en millions d'euros, voire en dizaines ou en centaines de millions. Après quelques secondes de réflexion, vous saurez qu'il faut raisonner en milliards. Oui, mais combien ? Des dizaines de milliards ? Des centaines de milliards ? Des milliers de milliards ?

Maintenant que vous vous êtes fait votre propre idée, ou au moins une approximation, je peux vous donner la réponse : le PIB a été de 2 805,7 milliards € pour 2022, selon l'Insee. On parle donc en milliers de milliards (que les Américains nomment des trillions, de façon plus logique que nous).

Autant dire que cet indicateur, même si l'on en connaît la valeur annuelle, ne nous dit rien, ne nous apprend rien : car il est mesuré dans un ordre de grandeur pour lequel nous n'avons aucun point de comparaison. Le PIB français, en nombre de voitures neuves[d], reste inimaginable : environ 93,5 millions, soit 2,4 fois le parc automobile français. Le

---

[d] Selon l'Argus, en 2022, le prix moyen d'une voiture neuve était d'un peu plus de 30 000 €.

PIB vaut près de 8 millions de maisons à 350 000 €, ce qui ne nous dit rien non plus.

Ainsi, le PIB, dont tout le monde connaît l'existence, mesure « quelque chose » dont le montant nous est soit inconnu, soit inconcevable. Faites le test autour de vous, et vous vérifierez que le niveau d'ignorance du montant de cette superstar des indicateurs économiques est abyssal. Mais cela n'est rien à côté de l'incapacité assez largement partagée de dire d'où vient le PIB, et ce qu'il mesure.

Une seule fée sur le berceau du PIB ?

« Quand la légende est plus belle que la réalité, imprimez la légende », affirmait John Ford dans *l'Homme qui tua Liberty Valance* (1962). Celle du PIB est tenace et se diffuse de rapports en essais critiques de la croissance, sans que ceux qui la propagent aient visiblement pris le temps d'étudier cette histoire passionnante qui s'étale sur plusieurs décennies, voire plusieurs siècles. À croire que les critiques du PIB se sont passé le mot pour propager une version très approximative des faits : l'histoire du PIB qu'ils racontent est loin d'être fidèle à la réalité. C'est d'ailleurs à peu près toujours la même : un économiste américain, Simon Kuznets est présenté comme le seul et unique père fondateur de cet indicateur de richesse qu'il aurait inventé entre 1932 et 1934. Est-ce parce qu'il était américain et qu'il a été l'un des premiers à nommer le PNB par son nom ?

Ou bien est-ce parce qu'il fallait mettre un nom d'inventeur sur cette « idée géniale », comme l'écrit Timothée Parrique[17] ? À le lire, Simon Kuznets inventant le PIB ressemblerait à Newton criant « Eurêka » en voyant tomber une pomme d'un arbre ! Or, si Kuznets a joué un rôle non négligeable dans l'histoire de la diffusion de cet indicateur, il est loin d'en être l'inventeur, ni même le précurseur, comme le raconte en détail André Valoni dans *Une histoire de la Comptabilité nationale*[18].

Car le rapport rendu par Kuznets en 1934, commandé par le Sénat (et non par le gouvernement) américain, ne consacre même pas l'émergence du PIB comme indicateur de richesse nationale. Comme son titre l'indique, ce rapport estime le *revenu national* de 1929 à 1932. Certes, on verra que *Produit national* et *Revenu National* sont deux indicateurs similaires. Mais alors, si on prend cette hypothèse comme base de discussion, il faudrait attribuer la paternité du PIB à William Petty qui estima le revenu national de la Grande-Bretagne dès... 1664. Ou même à Lavoisier, le célèbre physicien, passionné d'économie, qui dans la lignée des économistes physiocrates menés par François Quesnay, avait établi sa propre estimation pour la France en 1791, avec l'intention d'en déduire la quantité d'impôts que l'on pourrait lever sur un tel revenu national.

Dans son rapport de douze pages, remis en 1934, Kuznets écrit pourtant (je souligne) que *« les estimations ci-dessous décrivent tout d'abord l'évolution du produit net total du système économique, année par année, de 1929 à 1932 »*. Mais dans tout le reste du document, il n'est jamais question que de *national income*, donc de revenu national. Le PIB en tant que tel n'est pas encore installé et n'est pas près de l'être. Cependant, l'expression « Produit national brut » (Gross national Product) émerge en 1937 dans une nouvelle étude rendue par Kuznets. Mais cette expression avait déjà été utilisée par Clark Warburton dans plusieurs publications sorties de 1932 à 1934.

En fait, ce récit romantique du créateur génial permet de montrer que Kuznets aurait pris conscience avant les autres de la dangerosité de sa créature, ce qui n'est pas plus fidèle à la réalité historique, mais qui ajoute une dimension romantique à l'homme qui aurait défié les dieux, comme le professeur Frankenstein donnant la vie à un être fabriqué de toutes pièces. Or, si Kuznets pensait que le revenu national ne pouvait pas mesurer le bonheur, il était de ceux qui sont convaincus qu'il est la meilleure estimation possible du *bien-être économique*[19]. Or, la légende raconte que Kuznets aurait émis une sorte de regret face à sa construction imparfaite. Quoi de plus valorisant pour les critiques du PIB que de se référer aux réserves, même inventées, émises par le créateur du PIB en personne ?

Certes, on ne prête qu'aux riches et Kuznets est un parfait candidat à l'invention du PIB en raison de son travail pour le Sénat américain... Mais si les USA, par la suite, ont poussé à homogénéiser les comptabilités nationales pour faciliter le suivi du plan Marshall, ils n'étaient pas les seuls ni les premiers à travailler sur l'élaboration d'indicateurs macro-économiques dans les années 30. Simon Kuznets est l'un des très nombreux économistes à avoir fait avancer l'estimation du revenu national, mais il n'en est absolument pas l'inventeur.

En 1932, soit deux ans avant « la date de naissance » fictive du PIB, Colin Clark avait publié un rapport sur le Revenu National britannique de 1924 à 1931. Aux Pays-Bas, c'est Jan Tinbergen, l'un de pères de la modélisation économétrique, qui avait proposé ses propres méthodes de mesure. Et, en Suède, une étude sur le Revenu National du pays qui couvrait toute la période 1861-1930 (69 ans de mesure rétrospective !) avait été publiée en 1937. Enfin, ce sont les Britanniques James Meade et Richard Stone, futurs prix Nobel, qui présentèrent en premier les trois dimensions du revenu national (production, revenus et dépenses) en 1941.

L'histoire de la mesure de la richesse nationale est d'une richesse telle qu'André Vanoli lui a consacré pas moins de 655 pages. Dévaloriser le PIB en quelques slogans rapides, pour en faire un « tour de passe-passe », même génial, est une posture critique qui réduit à néant le travail considérable des comptables nationaux, dont le seul souci fut d'élaborer un outil solide pour améliorer la compréhension des activités économiques[20]. Cependant, si la comptabilité nationale a mis plusieurs décennies à accoucher d'un indicateur de revenu national universellement reconnu comme tel, cela ne fait pas de lui une statistique aussi compliquée qu'on pourrait le penser.

Valeur ajoutée ou revenus ajoutés ?

Dès l'âge de 15 ou 16 ans, en cours de Sciences économiques et sociales, tous les lycéens de seconde générale (environ 560 000 jeunes sur une génération de 800 000 personnes) apprennent en moins d'une heure ce que les économistes ont mis des siècles à comprendre.

Par la magie d'une simple soustraction, tout le monde est en mesure de toucher du doigt cette mesure fondamentale de la richesse créée par les entreprises. En effet, si j'enlève à la valeur des produits vendus par un producteur le montant des biens et des services qu'il a achetés à ses fournisseurs (et que l'on nomme ses consommations intermédiaires), je peux avoir une idée assez précise de la véritable production réalisée dans cette entreprise. La formule de calcul de la valeur ajoutée (VA) est presque aussi simple que ça :

VA = Chiffres d'affaires – Consommations intermédiaires[21]

Muni de cette équation magique, le professeur d'économie peut alors brandir devant son auditoire n'importe quel objet simple pour expliquer que la « vraie » production d'une entreprise n'est pas l'objet en question, mais la différence qui existe entre la valeur de ce bien fini et la valeur des matériaux qui le composent. En ce qui me concerne, je m'empare très souvent d'une chaise, dont les consommations intermédiaires sont faciles à lister (planches, vis, tubes de fer et peinture) pour illustrer mon cours sur la valeur ajoutée. Si une chaise vendue 50 € contient 20 € de biens intermédiaires, c'est la preuve que l'activité productive a ajouté 30 € de valeur aux matériaux transformés dans le processus de production.

Nous verrons bientôt que l'idée, pourtant si simple à comprendre, selon laquelle la production *ajoute* de la valeur aux biens intermédiaires, a été en son temps une sorte de révolution intellectuelle, dont Adam Smith[e] a été le principal promoteur. Pour la première fois, notre société acceptait que Dieu ne soit plus créateur de toutes choses.

Mais les économistes ne font-ils pas un abus de langage en assimilant cet ajout de valeur à une création de richesse ?

Pour le comprendre, il faut rappeler que les comptables nationaux ont trois façons de définir le PIB. La première est de faire la somme des valeurs ajoutées réalisées par les *unités de production présentes sur notre territoire* (c'est ce que signifie le « Intérieur » du PIB). En ajoutant les impôts sur la production, on obtient ce qu'on nomme, abusivement, la « richesse » nationale.

PIB = somme des valeurs ajoutées produites (déf.1)

Une fois cette « richesse » créée, elle peut être versée sous forme de revenus. C'est la deuxième définition du PIB : il correspond par définition à l'ensemble des revenus versés, aux salariés (directement en salaires nets et indirectement en cotisations salariales et patronales versées aux organismes de protection sociale), mais aussi aux banques, à l'État sous forme d'impôts, et aux actionnaires ou aux autres propriétaires des entreprises qui se versent un bénéfice.

PIB = somme des revenus (déf.2)
(Salaires + Bénéfices + Impôts)

La logique économique veut que ces revenus fassent l'objet de diverses dépenses dont la somme sera, elle aussi,

---

[e] Auteur de la *Recherche sur la Nature et les causes de la Richesse des nations,* parue en 1776, il est unanimement considéré comme le père fondateur de l'économie politique.

égale au PIB. Il s'agit de la consommation des ménages, de celle des *administrations publiques* (nom donné à l'*État* par les comptables nationaux), des dépenses en investissements et des produits mis en stocks. Le reste de notre PIB est consommé par les étrangers sous forme d'exportations, qu'on nomme assez logiquement la demande extérieure. Pour que cette approche du PIB, dite par la demande, soit complète, il faut ajouter au PIB les importations, qui sont des ressources supplémentaires en biens et services consommées, investies par nous, ou revendues directement aux étrangers (c'est le négoce international, ou l'achat-revente sur les marchés internationaux).

PIB = somme des biens et services demandés (déf.3)
(Consommation + Investissement + Exportations – Importations)

Dans n'importe quel bon manuel d'économie, ces trois méthodes de calcul seront présentées comme absolument équivalentes. Pourtant, l'ordre dans lequel on les présente n'est pas anodin. L'explication la plus fréquente du PIB ressemble à celle-ci : « Le PIB mesure la richesse d'un pays, c'est-à-dire la quantité de biens et de services produits sur le territoire en une année[22] ». On suppose donc que les entreprises créent de la richesse (déf.1), qui est ensuite distribuée sous forme de revenus (déf.2) qui constituent tous ensemble la demande intérieure des biens et des services produits (déf.3). Cette présentation, aussi vraisemblable soit-elle, n'est pas conforme à la réalité de la construction du PIB. Car celui-ci est *en premier lieu* une mesure des revenus qui ne sont pas, exactement, la richesse nationale.

Qu'est-ce que la richesse ?

Dès le départ, la question de la richesse était mal engagée. Pour le comprendre, il faut remonter le fil des réflexions depuis les premiers économistes, ceux qui réfléchirent avant Adam Smith à la richesse nationale, et qu'on appelle de nos jours les physiocrates.

Cette école de pensée, menée en France par François Quesnay, considérait que *« la terre est l'unique source de richesses et (...) c'est la terre qui les multiplie »* comme il l'écrivait dans les *Maximes générales d'un gouvernement économique au royaume agricole* (maxime I). Il reconnaissait, à côté des agriculteurs, l'existence de deux autres classes : les industriels et les propriétaires terriens. Mais tous ne faisaient que se partager les fruits de la richesse venue exclusivement de l'agriculture. Et les industriels étaient même considérés, plus encore que les propriétaires fonciers, comme la classe « stérile », en raison de leur incapacité à créer de la richesse (mais pas à tirer des revenus des marchandises qu'ils vendaient).

Derrière cette vision simpliste de la richesse se nichaient des croyances religieuses unanimement partagées à l'époque, et qui interdisaient d'imaginer qu'il existe dans le monde d'ici-bas d'autres bienfaits que ceux offerts par la puissance divine. La terre, le soleil, l'eau et le temps de la récolte, toutes ces richesses étaient offertes aux hommes par Dieu.

Puis vint Adam Smith, une sorte d'« hérétique » protestant. C'était un éminent professeur de philosophie de Glasgow, capable de faire reposer sa théorie des échanges sur le fait qu'un vice privé (la recherche de l'enrichissement personnel) peut être considéré comme une vertu publique. Autrement dit, l'appât du gain ou la cupidité (vice) devenaient, sous la plume de ce penseur d'un nouveau genre, un bienfait collectif (vertu) qui contribue à l'enrichissement de toute la société[23]. Mais ce n'est plus Dieu qui guide les pas des hommes, c'est la main invisible du marché qui s'en charge : elle est la divine Providence, qui annonce et porte en elle la future révolution industrielle.

Ce que va montrer Smith, qui s'éloignera de la doctrine religieuse des physiocrates en signant au passage l'acte de naissance de la science économique, c'est que les hommes eux-mêmes sont créateurs de richesses par leurs activités de production. Les industriels et les artisans ne sont plus une classe stérile : ils ajoutent eux aussi de la valeur aux produits qu'ils transforment.

L'erreur initiale de Smith est peut-être d'avoir voulu montrer que le fruit de ces activités constitue la « nature », ou la forme même de la richesse des nations. Car il est évident depuis toujours que la richesse qui compte aux yeux des hommes va bien au-delà du seul résultat des activités humaines de production. L'être humain, dans ce qu'il fait, est riche de mille choses. Mais la plus grande partie de ce qui enrichit la vie humaine n'a pas de prix : c'est impossible à évaluer et l'étude de cette richesse doit être laissée aux philosophes.

C'est le point de vue, à mon sens indépassable, défendu en 1812 par Thomas Malthus[24] dans les douze pages des *Principes d'économie politique* qu'il consacra aux définitions de la richesse. Il commence par la circonscrire entre deux définitions extrêmes. Celle, trop réductrice comme Smith l'avait montré, des « économistes français[f] » et celle trop large d'un illustre lord anglais aujourd'hui oublié. James Maitland, alias lord Lauderdale, était un spécialiste des dépenses gouvernementales auxquelles il avait consacré un an auparavant ses *Recherches sur la nature et l'origine de la richesse publique*, un titre reprenant sans vergogne presque mot pour mot celui du chef-d'œuvre d'Adam Smith paru 35 ans plus tôt.

Selon ce lord Lauderdale, cité par Malthus, la richesse est *« tout ce que l'homme désire comme pouvant lui être utile ou agréable »*.

[f] C'est ainsi qu'on nommait alors les physiocrates.

Il faut s'arrêter un instant sur cette définition rejetée d'emblée par Malthus et par tous les économistes après lui. Pour signaler tout d'abord qu'il ne la trouve pas fausse, bien au contraire. Il est tout à fait en accord avec cette définition qui englobe tout ce qui procure *« de l'utilité ou des jouissances à l'espèce humaine »* : il précise qu'*« elle comprend par conséquent les avantages et les consolations que nous retirons de la religion, de la morale, de la liberté politique et civile, de l'éloquence, des conversations instructives et amusantes, de la musique, de la danse, du théâtre et d'autres services et qualités personnelles. »*

Tiens, donc. Voilà un économiste, que dis-je, voici le plus mal famé des économistes en train d'expliquer que ce qui rend heureux dans la vie va très au-delà de la richesse matérielle produite par le système marchand ! Il faut le lire pour le croire…

Mais Malthus va refuser de retenir cette vision *qualitative* de la richesse pour une raison extrêmement simple : ces « qualités » ne se mesurent pas ! Reprenant à son compte le projet de Smith, il affirme que *« l'investigation de la nature et des causes de toutes ces sortes de richesses dépasserait évidemment les bornes qui circonscrivent une science isolée »*. Eh oui : loin de l'arrogance que l'on prête aux économistes qui voudraient réduire tout le bien-être à sa seule dimension comptable en unités monétaires, Malthus affirme sans détour que la compréhension de ce qui rend la vie bonne est un projet titanesque qui mobiliserait sans doute toutes les sciences et tous les savoirs humains, ce qui dépasse de loin les compétences des économistes[25].

Malthus va donc décider de ne compter dans les richesses que ce que l'on peut compter (et qui n'est *pas tout ce qui compte*, selon lui). Sa seule erreur est de n'avoir pas pressenti, à l'époque, que les services créent autant de valeur monétaire que la production matérielle de marchandise, à laquelle il résumera la richesse économique.

Retenons que Malthus et Smith ont fait un pas immense depuis les physiocrates, en comprenant que la nature n'est pas seule créatrice de richesse. Les hommes aussi, affirment-ils, savent en créer. Il faudra attendre encore un peu de temps pour que les économistes englobent dans leurs mesures toutes les activités humaines productrices de revenus.

L'erreur des économistes est sans doute d'avoir eu un jour la prétention d'être plus que de simples comptables. Pourtant, ils n'ont jamais été autre chose. Le tableau de Quesnay, qui évaluait le « produit » global, avait pour principal objectif d'étudier la répartition des revenus qui en découlaient. Et Smith lui-même n'a pas eu d'autre intuition que d'affirmer que si l'activité des industriels leur apporte des revenus, c'est sûrement qu'ils ont produit une certaine richesse.

La question se posera jusqu'au XXe siècle, de savoir si des revenus qui couvrent intégralement les coûts de production d'une activité créent ou non de la richesse, lorsque cette activité n'ajoute pas de valeur marchande à une production existante. Tel est le cas des services non marchands, à savoir les services produits par l'État et les associations, fournis à titre gratuit ou quasi gratuit. Il est impossible de mesurer la richesse qu'ils représentent autrement qu'en les évaluant au prix des heures de travail de ceux qui les produisent. Et comme ils peuvent, pour le même salaire, fournir des services d'utilité très inégale, comment évaluer correctement la richesse qu'ils créent ?

C'est Thomas Malthus qui tranchera cette discussion, et pour longtemps. S'il reprend, après Smith, l'étude de la croissance de la « richesse » des nations, il ne s'intéressera finalement qu'aux revenus distribués dans le secteur manufacturier (la production de biens). Car en économie, on ne possède qu'une seule unité de mesure, la monnaie : et celle-ci ne sert jamais à évaluer autre chose que des salaires ou des profits. En effet, aucune marchandise n'a vraiment de prix, dans l'absolu. Le prix est une convention, suite à un accord passé entre un offreur et un demandeur pour décider d'un échange. À un moment donné, si un objet quelconque vaut 15 €, c'est parce que 15 € est le revenu que le vendeur est prêt à en tirer auprès de l'acheteur. Plus tard, au cours d'un autre échange, le même acheteur devenu vendeur pourra en tirer 20 €. On comprend bien que ces évaluations monétaires (15 € ou 20 €) ne donnent, ni l'une ni l'autre, le prix exact et incontestable de la marchandise vendue. Ce sont les valeurs des revenus tirés de cette marchandise. D'ailleurs, pourquoi la lune, par exemple, n'a-t-elle pas de prix ? Tout simplement parce qu'elle n'est pas à vendre et que personne n'en tirera jamais aucun revenu.

Les économistes eux-mêmes contribuent à propager l'idée que la monnaie sert à mesurer la valeur des choses. C'est faux : la monnaie n'évalue jamais que des revenus.

Le mètre étalon des richesses économiques

Les savants ont donné au monde physique ses unités de mesure : le gramme pour le poids, le mètre pour les distances, le litre pour les volumes de liquide, le watt ou le joule pour l'énergie, le degré pour la chaleur et quelques autres qui nous sont moins familiers, en géométrie, par exemple.

Mais notre capacité à percevoir le monde serait incomplète si nous n'avions pas un mètre étalon de la richesse. C'est principalement à ça que sert la monnaie (l'autre rôle, plus ancien encore, est de créer un rapport de subordination sociale qui se nomme la dette[26]). Elle possède de nombreuses autres fonctions connexes, comme sa capacité à unifier un peuple sous une même bannière et à traduire symboliquement la souveraineté de celui qui s'en attribue le monopole d'émission, mais la monnaie sert avant toute chose à compter les revenus et les dettes qui en sont souvent à l'origine.

Ainsi donc, l'unité de mesure de la richesse étant la monnaie, nous ne pouvons mesurer que ce qui a une valeur marchande. Et si l'on veut faire la somme de tout ce qui est effectivement acheté au cours d'une année, le plus simple reste de faire la somme des revenus. C'est précisément ce que fait le PIB. Car c'est par un abus de langage que le PIB est assimilé à un indicateur de production : il est depuis le départ un « revenu national », ni plus, ni moins.

D'ailleurs, il faut être clair : aucun ouvrage de comptabilité nationale ne s'est jamais intéressé à autre chose qu'aux revenus. Ni William Petty, dans son *Arithmétique Politique* publiée en 1676, qui avait pour but de mesurer le revenu et la dépense de la nation ; ni François Quesnay qui distinguait les dépenses productives, les dépenses de revenus et les « dépenses stériles relatives à l'industrie » ; ni Simon Kuznets dont le rapport de 1937 s'intitulait *Revenu National et formation du capital, 1919-1935*; ni James Meade et Richard Stone qui publièrent en 1941, sur une suggestion de Keynes, un article *intitulé « La construction des tables du revenu national, de la dépense, de l'épargne et des investissements »* : aucun d'entre eux n'a eu d'autre projet que de mesurer avant toute chose le revenu national[27].

Si les Américains ont fait avancer plus vite que les autres pays la mesure du revenu national, c'est parce qu'ils ont cherché à évaluer en 1942 *« quelle part du produit total restera pour la consommation civile »* une fois mobilisés les moyens nécessaires à l'effort de guerre. C'est à ce moment-là que le PNB est devenu un indicateur central.

Soyons plus clairs encore : la richesse est une obsession d'économistes, pas de comptables. Et les philosophes qui leur reprochent de mesurer la richesse des nations en unités monétaires font une critique des indicateurs de revenus qui n'a pas de sens. C'est comme si vous reprochiez à un indicateur en degrés de ne pas donner le niveau de confort thermique et la douce chaleur humide dans laquelle on se sent si bien, à des températures diverses. (*voir Interlude 1*).

Au bout du compte, si on regarde bien, aucun économiste n'a jamais évalué la richesse nationale à proprement parler. C'est par un abus de langage qu'ils ont glissé du revenu national à la production puis à la richesse, comme on va le voir.

Je répète : mais qu'est-ce que la richesse, bon sang ?

Peu d'analystes se sont penchés sur ce que signifie, en anglais, le terme choisi par Adam Smith pour désigner la richesse : « wealth ». Ce terme (richesse-wealth) ne sert pas à désigner tout ce que les gens possèdent, comme il le fait en français. Dans notre langue, la richesse intègre les revenus. En anglais, *wealth* désigne ce que l'on possède en plus de ses revenus, et ce qui peut produire des revenus. Un fermier ou un ouvrier qui vivent frugalement, même s'ils possèdent quelques objets du quotidien, n'ont pas de richesses à proprement parler. La richesse est précisément *ce que possèdent les riches*. Dans la Grande-Bretagne de 1776, il s'agissait bien pour Smith de comprendre ce que ce pays avait « de plus » que les autres pays, et qui en faisait précisément un pays riche.

Une richesse est un trésor : à savoir quelque chose de précieux qui nous met à l'abri du besoin. Vue de cette façon, la richesse est très souvent ce qui permet de générer des revenus. Les richesses naturelles désignent ce qui est potentiellement profitable pour un pays. Même si une nation n'est pas entrée dans l'ère industrielle, ses richesses naturelles n'en sont pas moins réelles. Les physiocrates avaient bien compris que la nature est une richesse, car sa capacité à générer des revenus pour les agriculteurs (et, par diffusion, pour l'ensemble de la société) est incontestable.

Identiquement, on sait depuis Jean Bodin qu'*« il n'est de richesses que d'hommes »*. Car ils sont les seuls capables de créer des revenus par leur travail. Finalement, la richesse économique est ce qui crée des revenus. Mais la richesse, ce ne sont pas les revenus. Il y a là une façon de prendre la conséquence pour la cause qui est la source d'une confusion majeure dans les critiques françaises du PIB.

Par délicatesse envers mes lecteurs les plus littéraires, j'avais repoussé jusqu'à présent le moment de distinguer les flux et les stocks. Mais je ne vais plus pouvoir retarder cette précision plus longtemps. En statistiques, certaines données mesurent des stocks, d'autres des flux. Les premiers, comme on le conçoit facilement, ont la particularité d'être évaluables à un moment donné : c'est précisément le cas d'un stock de marchandises, mais aussi d'une épargne sur un compte en banque ou d'un nombre de chômeurs dans un pays[28]. Un stock est rarement une grandeur figée, précisément parce qu'il est modifié par des flux, à savoir des quantités entrant et sortant du stock pendant une période donnée.

On sous-estime largement l'apport majeur des baignoires à la vulgarisation statistique ! Imaginez une baignoire à moitié remplie dont le robinet et la bonde sont ouverts : de l'eau s'évacue en permanence mais il en arrive également sans discontinuer. À une date donnée, extrêmement précise, on devrait être en mesure de savoir combien cette baignoire contient d'eau[g] : c'est son stock. Si, par bonheur, l'eau qui s'évacue le fait à la même vitesse que celle qui arrive (donc si les flux entrant et sortant sont identiques), le stock d'eau ne changera pas d'une date à l'autre. Il peut d'ailleurs entrer et sortir *très peu* ou *énormément* d'eau, le stock dans la baignoire restera toujours le même. En revanche, et cette hypothèse a fait la

[g] Même si techniquement, la mesure est difficile (voire impossible) à réaliser. C'est une expérience de pensée, voilà tout.

joie de nombreux professeurs de mathématiques ou de physique (et le malheur de leurs élèves), si le flux entrant est inférieur au flux sortant, la baignoire se vide progressivement. Et dans le cas inverse, elle finira par déborder.

Revenons sur le terrain économique. La richesse au sens de *wealth* est un stock. Une mine d'or est un stock, un terrain fertile ou un troupeau de bétail est un stock, un parc de machines également, ou un ensemble immobilier. Même l'ensemble des connaissances détenues par un travailleur est un stock, difficilement évaluable, certes, mais un stock. Et tous ces stocks sont des richesses. Le seul stock de richesses évaluable monétairement correspond à ce qu'en français on nomme le *patrimoine* économique. Il s'agit essentiellement :

* d'un côté, de la valeur foncière des terrains constructibles, de celle des bâtiments et des logements détenus par les particuliers, les entreprises et l'État
* de l'autre, de la valeur des titres financiers détenus par l'ensemble des créanciers (épargnants, sociétés financières, etc.)

L'évaluation de cet énorme stock est extrêmement sensible à la variation de deux types de prix qui fluctuent sans cesse : les prix immobiliers et le niveau des taux d'intérêt. Cette « richesse patrimoniale » est si sensible à la variation des prix utilisés pour l'estimer que sa mesure ne présente pas un grand intérêt. Savoir qu'elle était de 59 000 milliards fin 2022[29] permet juste de la comparer au flux annuel des revenus de la même année (2 640 mds € de PIB). Si vous prenez au sérieux ces prix soumis à des décisions parfaitement arbitraires, vous pouvez toujours vous dire que le patrimoine français est 22 fois supérieur au revenu national. Mais la valeur des titres comme des actifs immobiliers, à la suite d'une crise financière majeure, pourrait chuter de moitié sans que ce stock de patrimoine ne se transforme d'un iota matériellement parlant. Que certains économistes puissent chercher à refaire le même exercice d'évaluation pour les actifs naturels, voir même pour les savoirs ou les savoir-faire d'un pays (sans parler de son niveau de bonheur) est un exercice qui me semble parfaitement vain. Compter la richesse accumulée est une manie d'avaricieux qui juge de sa propre valeur en fonction de celle de ce qu'il possède. C'est une sorte de maladie qui ne vise qu'à combler les failles narcissiques de ceux qui en sont frappés.

Revenons donc aux revenus qui sont, par définition, des flux. Vous ne sauriez dire combien vous avez gagné tel jour à telle heure. Votre revenu paye toujours le travail effectué pendant une durée donnée, au minimum une heure, parfois pendant quelques-unes (pour un artisan, un conférencier ou un artiste) et très souvent pendant un mois[h]. Le salaire est donc un flux. Idem pour les dividendes que touche un actionnaire. Si ceux-ci sont bien versés à une date précise, ils correspondent en fait à la partie du bénéfice réalisé sur l'exercice comptable de l'année passée : ils sont donc un flux de richesse annuel, comme tous les revenus.

Ainsi, parler de « richesse » pour désigner le PIB, qui est une somme de revenus est au minimum une confusion, et au pire une grossière erreur logique assez consternante. On a vu que l'une des causes de cette incompréhension vient de la façon dont les Anglais et les Français parlent de richesses. Les anglophones distinguent très clairement *wealth* (richesse) et *income* (revenu). Inversement, en français, un revenu important constitue une partie de notre richesse mais ne saurait être confondu avec notre patrimoine. L'anglais ne connaît du patrimoine (notre stock

---

[h] Les plus jeunes ignorent que les salaires journaliers (et parfois hebdomadaires) ont été la norme en France pendant très longtemps. C'est un accord paritaire signé en 1970 qui a permis la généralisation progressive du paiement mensuel des salaires.

de richesses en français) que l'héritage (*legacy*) ou le patrimoine financier qui est un simple actif (*asset*). Ainsi, les Français ont une vision très large de la richesse qui ne se retrouve pas dans le terme *wealth*. Par conséquent, une partie des critiques françaises de la richesse repose sur le fait que nous englobons dans ce terme tout ce qui a de la valeur, contrairement aux Anglais. Les revenus sont pour nous de la richesse, alors que *income* est très distinct de *wealth*. Si Adam Smith l'avait voulu, il aurait intitulé son essai *Recherche sur la nature et la causes du revenu des nations*. Il ne l'a pas fait.

Ainsi, quand les économistes se sont mis à mesurer le revenu national, qui n'est pas selon eux toute la richesse d'un pays, nous avons évidemment trouvé que leur mesure était très incomplète en termes de richesse. Mais il ne viendrait pas spontanément à l'idée d'un anglophone de confondre ses revenus avec son patrimoine, ce que nous faisons très naturellement en désignant le PIB comme la mesure de la *richesse* nationale.

Une autre cause de cet amalgame entre le stock et le flux de richesses est due à la mesure du PIB comme somme des valeurs ajoutées assimilées à *la production réelle* des entreprises. Car là aussi, on amalgame un flux (l'ensemble de la valeur créée et redistribuée) à des stocks de biens ou de services. Le secteur marchand, porté par le discours de certains économistes de l'offre, a imposé l'idée selon laquelle la *richesse* nationale est la *production* créée par les entreprises, quand elles « fabriquent » de la valeur ajoutée. Or, c'est littéralement faux. Un pays dans lequel chacun serait payé par un revenu universel versé par la puissance publique aurait la même « richesse nationale » (en fait, le même revenu) qu'un pays dans lequel les entreprises versent elles-mêmes les revenus : celle-ci correspondrait à la somme des revenus versés à l'ensemble des actifs, comme c'est le cas aujourd'hui. La valeur de ce que nous produisons correspond à ce que nous nous versons comme revenus.

Une histoire économique de poule et d'œuf

Les comptables nationaux modélisent l'économie comme un circuit de flux monétaires. Jean-Paul Piriou, dans son ouvrage de référence sur *La comptabilité nationale*[30] en donne la représentation suivante.

Tableau 1. **Le circuit économique**

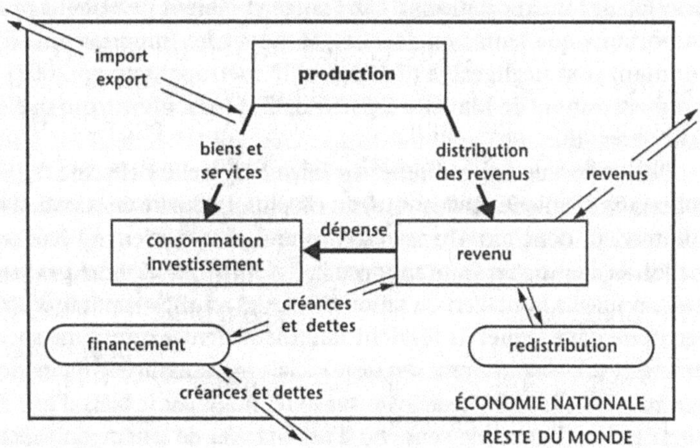

Tel que le circuit est représenté ici, il semble que tout « découle » de la production : les revenus versés seraient la conséquence de l'activité productive. On peut cependant le voir autrement en disant que ce sont les revenus versés, initialement, qui font la production, et pas l'inverse ! C'est en distribuant des revenus que les entreprises réalisent une valeur ajoutée. L'idée selon laquelle la valeur ajoutée est un gâteau que se partagent les salariés, l'État et les entreprises est fausse. Car la valeur ajoutée est un flux, alors qu'un gâteau est un stock. Et ce flux est la *conséquence* du versement des revenus qui ont permis aux entreprises de produire. Sans ce versement, nulle production n'est possible. Ainsi l'enchaînement suivant :

Production -> (génère des) **Revenus -> Consommation**

...devrait s'écrire en réalité :

Revenus -> (=génèrent) **Production -> Consommation**

Ou, encore mieux :

Production

Revenus (génèrent à la fois)

Consommation

Ces liens doivent être lus de la façon suivante : ce sont les revenus versés qui permettent la réalisation d'une production et ce sont eux aussi qui permettent la consommation. Le versement des revenus est *le début* de l'activité économique. On ne produit pas *pour* verser des revenus. C'est l'exact inverse.

C'est sans doute pour cela que les comptables nationaux, comme je l'ai déjà dit, se sont toujours intéressés initialement aux revenus. Le PIB est le *revenu national*, bien avant d'être la mesure de la *production nationale*. D'ailleurs, la comparaison entre PIB et Revenu National Brut nous permet de le vérifier. Selon l'Insee, *« le revenu national brut, ou RNB, correspond à la somme des revenus primaires bruts des résidents d'une économie sur une période donnée »*. La différence entre national et intérieur est importante : un revenu est *national* s'il est perçu par un Français (où qu'il soit) et *intérieur* s'il est perçu par n'importe quel agent économique sur notre territoire.

Or, l'Insee précise : *« Le RNB est égal au PIB, diminué des revenus primaires à payer par les unités résidentes à des unités non-résidentes et augmenté des revenus primaires à recevoir du reste du monde »*. Il n'y pas de meilleure façon de dire que le *Produit* Intérieur Brut, malgré son nom, n'est rien d'autre que le *Revenu* Intérieur Brut, puisqu'il est le Revenu national auquel on a enlevé les revenus qui ont quitté le territoire et ajouté ceux qui ont été versés sur notre territoire par des entreprises étrangères (celles du « reste du monde », comme le dit joliment la comptabilité nationale à propos de l'ensemble des pays étrangers). Voilà, c'est dit : le PIB devrait s'appeler Revenu Intérieur Brut car c'est ce qu'il est.

En revanche, la mesure de la *production*, ce *stock* de richesses créées, pose des problèmes presque insurmontables d'évaluation que nous évoquerons bientôt. Il est beaucoup plus facile, même si ce n'est pas vraiment simple, même dans un état de droit, de connaître l'ensemble des revenus versés[31]. Alors certes, on peut toujours approximer la production de richesses par les revenus versés (car la valeur de la richesse créée ne peut pas être supérieure ou inférieure à la somme des revenus versés). Mais dire que le PIB est une mesure de richesse au sens économique, ou même qu'il en est une mauvaise mesure, c'est le prendre pour ce qu'il n'est pas. Un Anglais ne ferait pas la faute. Les Français se complaisent dedans.

On comprend mieux maintenant pourquoi Malthus avait évacué par hypothèse certaines richesses, qu'il considérait quand même comme telles : outre leur dimension qualitative, il s'agissait de stocks et non de flux. Malthus avait compris qu'on ne mesure jamais que l'activité humaine marchande, et non pas « tout ce que l'homme désire ». Le reste échappe à l'évaluation des comptables. Il est d'ailleurs intéressant de voir à quel point les critiques de la croissance reprochent aux comptables de ne pas compter ce qui compte. Pourrait-on envisager, une fois n'est pas coutume, que les économistes pêchent en la matière par excès de modestie ? Eux, au moins, ne s'embourbent pas dans la volonté malsaine de mesurer ce qui n'est pas évaluable. Car enfin, que reproche-t-on aux économistes ? De *trop* évaluer ou de *ne pas tout* évaluer ?

Et la valeur, dans tout ça ?

Reste le problème insoluble de la valeur des choses. On sait depuis Adam Smith[32] que la valeur des biens vient soit de leur utilité (on parle de la *valeur d'usage*), soit du fait qu'ils sont demandés sur un marché, ce qui leur confère une *valeur d'échange*. Il est possible qu'un bien ait une très forte valeur d'usage et très peu de valeur d'échange : c'est le cas de l'eau potable, là où elle coule en abondance. Les gens la trouvent utile, son usage est même vital mais on n'en obtiendrait pas grand-chose sur un marché... Inversement, un diamant qui n'a pas d'utilité pratique (juste symbolique : son éclat fait briller celui ou celle qui le porte, aux yeux des autres) peut avoir une valeur d'échange considérable pour une valeur d'usage qui peut sembler dérisoire à ceux qui ont faim.

Nous voilà bien embêtés, une fois de plus, pour mesurer les richesses. Car cette distinction peut même s'appliquer à des services : certains sont essentiels et n'ont pas ou peu de valeur marchande (lorsqu'un parent lave le linge des membres de sa famille), alors que d'autres qui ne sont pas essentiels pour vivre se vendent très chers, comme un concert de musique baroque, par exemple.

Alors, quelle valeur donner à la richesse ? Que valent les choses que l'on possède ? Et que valent nos savoirs ?

Ces questions passionnent les économistes. Mais je vais à peine effleurer le sujet, car la question de la richesse étant un faux débat, comme je le montrerai bientôt, nous n'avons pas besoin d'épuiser cette question ou d'en faire un tour complet[33].

Vous aurez remarqué que la valeur d'échange correspond a priori au prix du bien considéré. Cette réponse n'est pourtant pas si évidente pour les économistes. Car Karl Marx, à la suite d'Adam Smith, s'est mis en tête de démontrer que la valeur des biens vient de la quantité de travail qui a été nécessaire à leur réalisation. Problème :

chaque heure de travail a-t-elle la même valeur ? Réponse : c'est improbable, ou alors l'expérience et les compétences ne vaudraient rien.

Certaines qualités humaines évoquées par Malthus (l'éloquence, les conversations instructives et amusantes, la musique, la danse, le théâtre…) peuvent pourtant être évaluées économiquement. La théorie du capital humain, sous l'influence de Gary Becker, s'est essayée à cet exercice : il « suffit » de décider qu'une compétence vaut ce qu'elle pourrait rapporter à son propriétaire au cours de sa vie. Ainsi, en faisant la somme de tous les revenus (tiens, les voilà qui reviennent, justement) qu'un individu peut espérer tirer de son talent, on pourrait estimer le prix de son talent.

Si mon lecteur a un peu de bon sens, il a déjà compris que cet exercice est vain : il est impossible de pouvoir prévoir ce que rapportera une qualité humaine. Et si on y parvenait, même approximativement, tout cela ne servirait à rien si on ne sait pas ce que vaudra la monnaie servant d'unité de mesure dans les années à venir. On retrouvera au prochain chapitre ce problème de perte de la valeur du mètre étalon de la richesse économique, qu'il nous faudra bien appliquer aux revenus, donc au PIB.

Mais dès à présent, j'espère que mon lecteur admettra que les débats sur la valeur en économie ressemblent d'assez près à ceux sur le sexe des anges : ils mènent presque toujours à des impasses.

On donnerait facilement raison à cette remarque pleine de bon sens, faite par l'excellent Bernard Guerrien dans son *Dictionnaire d'analyse économique* à l'entrée Valeur : *« la question qui se pose à propos de la valeur est : faut-il une théorie de la valeur ? Si oui, pourquoi faire ? »*

On peut toujours se faire plaisir en cherchant la pierre philosophale capable de nous donner sans contestation la valeur de tout et de n'importe quoi. On se demande même parfois si ce n'est pas, paradoxalement, le rêve secret de certains défenseurs des indicateurs de richesse alternatifs au PIB. Mais je n'ai pas besoin de métrique ou d'instrument de mesure pour évaluer le talent de mes artistes préférés, la beauté d'un paysage, l'amour de mes proches ou le bonheur de passer du temps avec mes amis.

Oui, vraiment : à quoi cela peut-il bien servir d'estimer monétairement ce qui embellit nos existences, sinon à le dévaloriser ?

INTERLUDE 1

La faute aux degrés

Les gens disent que le réchauffement climatique c'est la faute aux degrés Celsius ! Je ne suis pas d'accord.

On raconte que le degré est un vieil indicateur qui a plusieurs siècles et qu'il est maintenant dépassé. On lui reproche d'être un mauvais indicateur de chaleur, sous prétexte qu'à 15 degrés on peut se trouver beaucoup mieux qu'à 32 et que plus les degrés augmentent plus la chaleur peut devenir désagréable. La chaleur serait parfois bien plus confortable avec des degrés plus bas qu'avec des degrés trop élevés, et passé un certain seuil, il ne servirait à rien de les augmenter encore. C'est une évidence.

Un jeune physicien a récemment sorti un essai sur le sujet. Il parle de tour de passe-passe thermique à propos de l'élaboration de cet indicateur. C'est certes une convention comme une autre : on a pris deux températures caractéristiques et on a divisé l'intervalle en cent graduations. On aurait pu faire autrement, et certains pays l'ont fait, d'ailleurs. Tous les indicateurs sont des conventions. Et alors ?

Ce jeune chercheur critique l'obsession maladive de notre société pour la hausse de cet indicateur de chaleur qu'il considère comme obsolète. Il dit que les degrés nous informent juste sur le niveau d'agitation des électrons. Ce jeune physicien iconoclaste affirme qu'avec un peu d'imagination, on pourrait établir un nouvel indicateur de chaleur qui serait composé de plusieurs indicateurs permettant de compléter l'information sur la température.

On pourrait par exemple intégrer le niveau d'humidité' et la sensation que les gens ont de se sentir au chaud ou pas.

Ce serait un indicateur du ressenti thermique, bien plus proche des préoccupations des gens. On aurait alors un vrai indicateur de chaleur sur lequel on pourrait s'appuyer pour décider des politiques de régulation de la température.

Notre physicien hétérodoxe dit que l'important n'est pas que la température soit élevée ou faible, mais que chacun se sente bien avec la température qui lui convient.

Le problème c'est que les gens n'y connaissent rien en physique thermique. Ils confondent étalon de mesure de la température et indicateur de chaleur. Bien sûr que la température ne nous dit pas tout de la chaleur car celle-ci est un phénomène subjectif qui dépend du ressenti des gens, ainsi que d'autres paramètres, ce que la température moyenne dans un endroit ne donne pas.

Mais Celsius lui-même n'a jamais dit que sa mesure de la température pouvait faire le tour de la question du confort thermique ou de la chaleur idéale pour chacun !

Cependant, il faut bien avoir une idée de la température ambiante pour commencer à parler de la chaleur idéale. Je ne vois pas comment continuer à parler de chaleur si on ne sait plus rien de la température ambiante, mesurée en degrés Celsius, Fahrenheit ou en n'importe quel autre indicateur conventionnel qui fasse le job ! Parce qu'une chose est incontestable : si on baisse la température, et quelle que soit l'échelle, il fera forcément moins chaud.

Mais comment saura-t-on que la température baisse si on supprime cet étalon de mesure que tout le monde comprend ?

Ce n'est pas l'étalon qu'il faut modifier : c'est l'usage que les gens en font. Et ce sera beaucoup plus rapide à mettre en place que de proposer à chacun de donner sa propre définition de la température idéale pour en tirer, au terme d'un long débat démocratique, une définition consensuelle.

CHAPITRE DEUX
Ce que le PIB ne mesure pas

L'affaire est entendue : le PIB additionne tout ce que les gens touchent comme revenus. C'est à la fois beaucoup et très peu. Mais aucun économiste n'a jamais prétendu que le PIB était la mesure la plus complète de ce que désirent les gens. Comme nous vivons dans une économie marchande, c'est-à-dire dans une société dans laquelle une très grande partie de nos besoins sont satisfaits par des biens et des services achetés sur un marché, les revenus sont un objet de convoitise assez universel. Tout le monde veut de l'argent, car tout le monde comprend, dès son plus jeune âge, à quel point l'argent que l'on possède augmente notre pouvoir.

Notre pouvoir d'acheter, bien sûr. Or, ce pouvoir-là, par effet de comparaison, donne un pouvoir social réel. Car celui ou celle qui affiche un niveau de vie sensiblement supérieur aux autres cristallise l'envie ou la rancœur de ses contemporains. On est rarement indifférent à sa propre situation financière, et elle est d'autant plus supportable qu'elle n'est pas trop inférieure à celle des gens qui nous sont proches. À l'exception de quelques rares contemplatifs détachés des biens matériels, les seules personnes qui sont indifférentes à l'argent sont celles qui en ont déjà suffisamment.

Le PIB évalue donc une part essentielle de l'activité économique, peut-être la plus importante aux yeux de bon nombre de personnes, et pourtant cette mesure des revenus est muette sur un grand nombre de sujets. Par exemple sur les inégalités, les activités non productives, la valeur de la nature, les quantités produites et nos choix sociaux. Nous allons voir dans ce chapitre ce que le PIB, qu'on le déplore ou pas, ne peut pas (et parfois ne doit pas) mesurer.

Nous verrons que ces cinq véritables limites du PIB ne justifient pas que l'on abandonne cet indicateur.

Limite 1 : Le PIB ne mesure pas les inégalités

Les critiques du PIB sont préoccupés, à juste titre, par les inégalités qu'il dissimule. En effet, un PIB est une mesure *collective* des revenus, mais sa répartition n'est pas donnée par la valeur du PIB ou par sa croissance. J'ai montré dans mes essais précédents que la critique sur le caractère inégalitaire de la croissance est écologiquement ambiguë. Si l'on veut réduire les inégalités par le bas, c'est-à-dire en enrichissant les pauvres (car appauvrir les riches ne suffira pas), le risque de pression environnemental est énorme. Associer la croissance à la montée des inégalités ne garantit en rien que la décroissance sera égalitaire.

Si les économistes prenaient un peu plus le temps de mesurer le monde sur une échelle physique et pas seulement monétaire, sans doute verraient-ils que le niveau de vie des milliardaires n'est pas aussi loin de celui des pauvres que ce qu'en disent les indicateurs monétaires[34]. Car les grandeurs physiques ont des seuils et des limites que n'ont pas les données financières.

L'exemple le plus évident est celui des écarts d'ingestion de calories entre les plus riches et les plus pauvres. 2000 à 3000 calories par jour font vivre n'importe qui correctement. Mais il suffit de multiplier par deux cette ration pour mettre en péril la vie de celui qui abuserait de cette consommation alimentaire.

Qu'un repas de riche ait un prix mille fois plus élevé que celui d'un pauvre est possible : cela n'implique pas qu'il implique 1000 fois plus de prédation sur les ressources. Je ne connais pas les empreintes écologiques comparées d'une bouteille de Coca-Cola et d'un grand cru classé, mais je serais très étonné que l'on soit sur le même ordre de grandeur que leur différence de prix.

Autre limite physique : le nombre d'heures par jour, qui est le même pour tout le monde. Cela fait que, quel que soit le mode de vie polluant d'un riche, il ne peut jamais consommer qu'un seul de ses équipements polluants à la fois. Ce sera sa luxueuse villa OU son jet privé OU son yacht OU même sa navette spatiale. Les jours sont rares où il les consommera tous et, de toute façon, jamais en même temps.

Ce n'est donc pas le niveau de consommation du riche qui pose vraiment un problème : c'est son patrimoine, à savoir la valeur de tout ce qu'il possède et en particulier, comme le signale Antonin Pottier dans une étude passionnante publiée en 2020, l'ensemble des consommations liées à ses placements financiers et à ses activités professionnelles. Car s'il ne pourra jamais tout consommer, il reste propriétaire d'un million de fois de plus d'euros que n'importe qui.

Or, si je suis mille fois plus grand qu'une fourmi de 1,76 mm, quelque chose de 1000 fois plus grand que moi mesure 1760 mètres, soit 6 fois la hauteur de la tour Eiffel. L'écart entre la valeur monétaire de ce que possède le milliardaire et de ce que détient un pauvre, mesuré en euros, ressemble à l'écart entre cette montagne et la petite fourmi.

Qu'en conclure ?

Que taxer les ultras riches ne suffira pas, car on ne taxe que des revenus, et que ceux-ci sont des conventions qui reposent sur la valeur estimée par le marché de ce que possèdent les riches. Les richesses qu'ils consomment réellement, à titre individuel, sont très insuffisantes pour satisfaire les milliards de nécessiteux de la planète. Il reste leurs biens de production, leurs terres, leurs équipements, leurs usines et les immeubles dont ils tirent des revenus. Mais il s'agit là essentiellement de richesses consommées par les clients des sociétés qu'ils possèdent.

Notre société, qui avance peu à peu vers la décroissance, s'aperçoit qu'elle a raté un train essentiel, en laissant la croissance se faire librement : elle a laissé se constituer des patrimoines, qui sont démesurés, mais qui restent très fragiles. Mesurés en euros, ils sont scandaleux. Mesurés en quantités physiques, ils ne nourriraient pas un dixième des nécessiteux de la planète. Partager le PIB n'est pas une solution. Car nous avons vu que ce n'est pas un gâteau. Il faut avant tout retirer aux ultras riches, comme à tous les habitants des pays riches, les occasions de faire croître leurs revenus aux dépens des ressources naturelles, de la biodiversité et du climat. Mais si c'est pour donner ce pouvoir aux pauvres qui attendent leur tour, c'est peut-être moralement satisfaisant, mais ça ne réglera pas davantage notre problème environnemental.

Limite 2 : Tous ces revenus qui échappent au PIB

Le PIB, nous l'avons vu, est la somme de l'ensemble des revenus perçus pendant un an sur notre territoire. C'est cela, bien plus que sa capacité à évaluer approximativement la production nationale, qui le rend si fascinant. On doit donc faire le deuil, en étudiant le PIB, de toutes les activités qui ne donnent pas lieu à un versement de revenus dans notre société, car il n'y aurait aucun sens à introduire des « revenus potentiels » dans cet indicateur (même si c'est ce qu'on fait pour les loyers fictifs que se versent les propriétaires). Une boutade vieille comme la comptabilité nationale veut qu'un homme qui épouse sa femme de ménage fasse baisser le PIB. Lorsqu'il l'emploie à son domicile, le versement des revenus rémunérant ses activités de service est comptabilisé dans le revenu national. Après son mariage, les activités ménagères de cette épouse « à l'ancienne[35] » ne donnent plus lieu à un versement de revenus : le PIB a donc baissé d'autant.

Il existe une foule d'activités humaines qui ne donnent pas lieu à un versement de revenus et qui ne sont donc pas comptabilisées dans le PIB. En revanche, il en existe peu qui ne pourrait pas l'être. Dans un essai passionnant, *Ce que l'argent ne saurait acheter*, Michael J. Sandel a fait le tour de tout ce que l'on fait gratuitement et que l'on pourrait intégrer dans une relation marchande. L'une des activités les plus amusantes est le temps passé dans une file d'attente. Un certain Mark Gross, fondateur de *Linestanding.com*, a employé des retraités ou des sans-abri pour faire la queue dans des files d'attente afin d'obtenir des places dans des lieux prestigieux, comme une salle d'audience au Congrès, ouverte gratuitement à tous. En réponse à une sénatrice qui s'offusquait de la marchandisation d'un accès qui, par conséquent, n'était plus démocratiquement ouvert à tous, Mark Gross a déclaré la chose suivante : *« C'est grâce à la division du travail que l'Amérique est devenue un si grand lieu où travailler. Si étrange semble-t-elle, la pratique du line-standing est en fin de compte un emploi honnête, caractéristique de notre économie de libre-entreprise ».* Au pays de Benjamin Franklin, tout le monde sait depuis longtemps que *« le temps c'est de l'argent*[36] *».*

Sandel cite également le commerce des achats de toasts personnalisés, destinés aux témoins de mariages qui se sentent incapables de rédiger un discours qui saurait plaire à l'assistance. *« Pour peu que l'on réponde en ligne à un questionnaire portant sur divers sujets – que l'on explique comme on a rencontré le futur conjoint et précise si l'on préfère que le discours soit humoristique ou sentimental – trois jours ouvrables plus tard au maximum, on reçoit un toast personnalisé de trois à cinq minutes, écrit par un professionnel »* moyennant 149 $. À moins que l'on préfère, pour 19,95 $, acheter une allocution standardisée[37].

Dernier exemple, qui n'est pas chez Sandel : à Los Angeles, on peut désormais s'acheter des « amis » le temps d'une promenade. Dans le *Los Angeles Times* du 16 mai 2019[38], on pouvait lire que l'application *PeopleWalker*[i] propose de *« choisir avec qui vous allez marcher ».* Un usager du service témoigne, à propos du tarif de 7 dollars la

---

[i] Expression forgée sur le modèle des DogWalkers, ceux qui sortent et promènent le chien des autres contre rémunération.

demi-heure : *« Je sais, ça a l'air dingue, mais ça revient moins cher qu'un abonnement dans un club de gym. Ça m'a fait beaucoup de bien et en plus j'entends des histoires intéressantes ».* Cela permet en fait à des célibataires de voir quelqu'un, de discuter et de se sentir écoutés. La journaliste conclut l'article en constatant que *« ce n'est déjà pas rien ».*

Bien sûr, Michael J. Sandel a rédigé son essai pour dénoncer cette marchandisation sans limites des activités humaines. Il constate, de façon évidente, que *« certaines des bonnes choses de la vie sont corrompues ou dégradées si elles deviennent des marchandises ».* On sait que le marché fournit des marchandises qui sont, de plus en plus souvent, des versions très dégradées des produits d'origine, de pâles imitations. Et c'est bien pire encore en ce qui concerne la version marchande des services interindividuels comparée au service que les gens se rendent entre eux sans contrepartie monétaire : rien ne vaut le coup de main d'un ami disponible et disposé à vous rendre service. En fait, si, quelque chose le vaut. Mais ça ne vient plus d'un ami…

Au-delà de leur dimension moralement choquante, ces exemples me servent à montrer que si l'on cherche à donner une évaluation économique à toutes les activités humaines, les économistes sauront leur trouver une estimation monétaire crédible. Et pourtant, chacun comprendra qu'il faut impérativement se retenir de faire entrer dans le PIB l'estimation monétaire de l'ensemble de nos activités non marchandes, même les plus précieuses (surtout les plus précieuses, en fait). Pourtant, la tentation est grande…

Limite 2 bis : Compter les activités de reproduction ?

De nombreux critiques du PIB ne comprennent pas pourquoi nos activités sociales ne rejoindraient pas l'ensemble de nos activités marchandes. Car il existe une bonne raison économique d'intégrer un grand nombre d'activités humaines non rémunérées dans le PIB : certaines ont un impact indéniable sur la production marchande. Toute activité sociale qui favorise la productivité des actifs ne devrait-elle pas être comptabilisée comme une création de richesse ? Ne serait-ce pas une faute, comparable à celle qui consiste à ne pas donner de valeur aux ressources naturelles transformées par le système productif, que de se cacher le fait qu'aucune création de valeur ajoutée ne verrait le jour si les actifs n'étaient pas trempés dans un bain de relations sociales ?

Cet argument est très longuement et assez bien défendu par Timothée Parrique dans *Ralentir ou Périr*[39]. Il définit la sphère de la reproduction comme *« toutes ces choses qui contribuent au soin, à l'entretien, au renouvellement, et à l'amélioration de notre capacité de travail, et plus généralement au bon fonctionnement de la vie sociale ».* S'en suit la longue liste de toutes les activités non marchandes, certaines relevant des activités domestiques, d'autres des activités de lien social, et d'autres tout simplement de l'épanouissement personnel. *« Par exemple,* écrit-il, *pour que la boulangère puisse faire du pain, il lui faut une recette, des ingrédients, un four, et de l'énergie (les facteurs de production*[40]*), mais aussi de la confiance en soi, un corps reposé et en bonne santé, une humeur équilibrée, et en environnement sain (les facteurs de reproduction) ».* Il ajoute : *« Une boulangère dépressive serait aussi incapable de produire une baguette qu'une boulangère sans four ni farine. Autrement dit, toute activité économique s'appuie sur une activité extra-économique ».*

Tout ceci est bien connu des économistes depuis un bon moment. Les théoriciens de la croissance endogène l'ont montré il y a presque un demi-siècle maintenant : les conditions dans lesquelles les facteurs de production interagissent jouent un rôle considérable sur la qualité de ces interactions. Il n'est pas jusqu'à *la qualité des institutions* elles-mêmes qui n'influencent pas la productivité des facteurs de production et l'émergence du progrès technique. En effet, il faut que les individus soient bien formés, bien protégés, bien soutenus, que les normes juridiques encadrent les relations sociales en permettant à chacun de donner le meilleur de ses capabilités[41] pour que la grande machine productrice de richesses marchandes puisse fonctionner correctement.

C'est tellement évident que cela mérite certaines nuances, si l'on me permet d'en apporter. D'abord, de nombreux habitants de pays pauvres dont les facteurs de *reproduction* sont bien plus rudimentaires que les nôtres ont pourtant une efficacité si importante qu'on a installé chez eux toutes les industries qui ont quitté nos territoires[j]. Or, dans ces pays, les facteurs de reproduction n'ont certainement pas la qualité qu'ils ont chez nous : notre boulangère y serait très malheureuse. On pourrait se demander si ce n'est pas le niveau d'exigence individualiste typique des habitants des pays riches qui pousse Timothée Parrique à surestimer le rôle des *facteurs de reproduction* tels qu'il les évoque. Après tout, la révolution industrielle s'est faite chez nous dans des environnements sociaux très dégradés, dont ne voudraient plus désormais de nombreux habitants des pays émergents, voire pauvres. Il n'est pas certain que les facteurs de reproduction cités dans *Ralentir ou Périr* soient si universels, et qu'ils soient autre chose que des exigences de confort auxquelles s'est attaché le salariat des pays riches. Dit autrement, rien n'indique que ces conditions de « reproduction » de la force de travail aient une justification économique plutôt que simplement politique et sociale[42].

---

[j] Les mauvaises langues disent que c'est leur niveau de rémunération qui les rend intéressants pour les investisseurs. Il faut n'avoir jamais vu fonctionner une usine délocalisée en Asie du Sud-Est pour croire que la productivité des salariés exploités n'est pas spectaculaire.

Un autre argument reste cependant recevable, dans l'analyse de Parrique : la croissance des activités marchandes (la sphère productive) ne pourra se faire indéfiniment aux dépens de la sphère non marchande/reproductive. Mobilisant l'une de ces métaphores qu'il affectionne et qui font souvent mouche, Parrique écrit : *« De la même manière qu'une branche peut difficilement devenir plus lourde que le tronc qui la supporte, l'économie marchande ne pourra jamais vraiment s'émanciper du tissu social qui la soutient ».*

Évidemment, ai-je envie de dire une fois encore ! Si la marchandisation venait à phagocyter toutes les activités humaines, on sait bien, comme l'a montré Sandel, que les individus finiraient par se rebeller face à l'effondrement de toutes les valeurs morales. On peut même aller plus loin : il est inquiétant de constater que le monde marchand développe des valeurs morales qui vont à l'encontre de celles qui ont permis la croissance des activités productives. Ainsi, il n'est pas difficile de montrer que la coopération a joué un rôle au moins aussi, voire plus important, dans l'émergence des grandes structures productives, que la compétition ou la concurrence interindividuelle[43]. Le marché a besoin de limites qu'il est incapable de produire spontanément et qu'il s'évertue à détricoter méthodiquement.

Il existe donc peut-être une frontière indépassable pour l'extension des activités marchandes : en transformant les relations sociales en sources de profit, le secteur marchand scie la branche qu'il fait croître, pour filer la métaphore boisée de Timothée Parrique. On sait au moins depuis Karl Polanyi[44] que la marchandisation du monde met en danger la société de marché. La question se pose de savoir si c'est une raison pour réclamer l'intégration des activités non marchandes dans le calcul des richesses créées.

Le PIB *ne doit pas* mesurer la sphère reproductive

Bien sûr, si Parrique admettait que le PIB n'est qu'une somme de revenus et pas une quantité de richesses mal mesurées, il n'aurait aucune raison de demander que ces facteurs de reproduction soient intégrés à son calcul d'une façon ou d'une autre, puisqu'ils n'engendrent pas de revenus (et s'ils le font, comme les loisirs ou d'autres activités d'épanouissement personnel, ils sont *déjà* comptabilisés dans le PIB). On ne va tout de même pas fabriquer des revenus fictifs correspondant à toutes les activités sociales pour le seul plaisir de mettre en évidence leur importance dans le processus productif ! Ce serait devenir plus productiviste que les pires productivistes... Il n'y a aucune raison d'intégrer dans le PIB les revenus qui n'en sont pas encore, et dont il faudrait même souhaiter qu'ils ne le deviennent jamais.

J'ai le sentiment que Parrique tombe dans deux pièges simultanés. Le premier est de faire de l'ensemble des activités sociales des facteurs de reproduction. À lire ce qu'il dit de sa boulangère, il semblerait qu'il n'y a plus de place dans son existence pour autre chose que ce qui lui permet ou non de produire du pain. N'a-t-elle pas d'autres buts plus importants dans la vie ? Toute son existence est-elle tournée vers sa production de pain ? Et que se passerait-il si un accident de la vie rendait cette personne définitivement improductive ? En outre, si la sphère de reproduction échouait dans sa mission, serait-ce si grave ? N'y a-t-il pas de place pour des gens inaptes à servir la sphère marchande ? Ces personnes sortent-elles alors définitivement de la mesure des richesses sociales et humaines ? Nos existences ne doivent-elles être évaluées ou regardées qu'à cette aune-là[45] ? Finalement, ne tombe-t-on pas dans le piège de l'utilitarisme économique quand on réduit la sphère du social à des activités reproductives au service de la sphère productive ? Et si on faisait la sieste juste pour faire la sieste, et pas pour reconstituer ses forces avant de repartir au travail ?

Le deuxième piège est qu'en cherchant à démasquer l'impuissance du PIB à évaluer correctement les richesses, il en vient logiquement à souhaiter une évaluation de l'ensemble de nos existences et de nos activités sociales pour intégrer dans la mesure exhaustive des richesses ces malheureux oublis dus à l'incompétence des comptables nationaux. En fait, il tombe précisément dans le piège que cherchait à éviter Malthus. Aussi précieuses soient-elles pour faire de nous des individus épanouis, « *les consolations que nous retirons de la religion, de la morale, de la liberté politique et civile, de l'éloquence, des conversations instructives et amusantes, de la musique, de la danse, du théâtre et d'autres services et qualités personnelles* » n'ont pas à être intégrées dans la mesure des richesses produites, disait le pasteur économiste. Car non seulement il est impossible de leur attribuer une valeur, mais si l'on parvenait à leur en donner une, il faudrait impérativement s'en dispenser pour éviter de les corrompre ou de les dégrader, pour parler comme Michael J. Sandel.

De façon ironique et cruelle, comme nous l'avons vu en introduction, les critiques de la croissance sont tombés bien malgré eux dans le piège de leurs propres revendications. Car les théoriciens de la croissance endogène ont parfaitement intégré, dans les éléments qui améliorent l'efficacité des facteurs de production, tout ce qui épanouit les individus : de leur formation scolaire aux institutions qui régulent au mieux les relations sociales (droits de propriété, justice sociale, etc.). Désormais, tout ce qui est bon pour les humains, individuellement et socialement, est considéré comme bon pour le système productif. Les économistes ont gagné : toute notre existence est dirigée directement ou indirectement vers la croissance de la production.

Limite 3 : Le PIB ne mesure pas la valeur de la nature

C'est l'une des critiques les plus fortes des écologistes envers le PIB. Elle repose sur une citation de Jean-Baptiste Say, économiste français du début du XIX° siècle, contemporain de Malthus et par ailleurs frère d'un grand commerçant et industriel du sucre de betterave, dont le nom perdurera jusqu'à nos jours, avec la marque Beghin-Say (dont la raffinerie de Nantes, bien connue localement, a fermé ses portes en 2009). Mais que disait Say, l'économiste, sur les ressources naturelles ? Qu'on ne les paye pas, car elles sont gratuites.

« De ces besoins, les uns sont satisfaits par l'usage que nous faisons de certaines choses que la nature nous fournit gratuitement, telles que l'air, l'eau, la lumière du soleil. Nous pouvons nommer ces choses des richesses naturelles*, parce que la nature seule en fait les frais. Comme elle les DONNE indifféremment à TOUS*[k]*, personne n'est obligé de les acquérir au prix d'un sacrifice quelconque. Elles n'ont donc point de valeur échangeable*[46] *».*

Revenons une nouvelle fois sur la différence que font les économistes entre la valeur d'échange et la valeur d'usage. Les théories de la valeur ont occupé et occupent encore nombre de théoriciens en économie. Les premiers d'entre eux, on l'a vu, furent les physiocrates. On se souvient qu'ils pensaient que toute valeur ne peut venir que de la terre, ou de la nature en général. C'était à la fois un peu incomplet et extrêmement juste.

Incomplet parce que la valeur des biens économiques, comme l'ont montré Smith et Marx, n'existerait pas sans le travail humain. Cependant, c'est presque un truisme. Car un bien économique est par définition une chose produite pour être vendue, et n'existerait pas sans travail humain. La

---

[k] C'est Jean-Baptiste Say qui souligne.

valeur d'un arbre, s'il a été planté par un horticulteur, vient du temps de travail que celui-ci lui a consacré.

Cela veut-il dire qu'un chêne qui n'existe que par le seul hasard de la vie forestière n'aurait pas de valeur ? Si, il en a. Car, hormis les coûts de production, d'autres facteurs économiques déterminent la valeur des choses. En particulier l'usage et la rareté.

La valeur d'usage correspond au fait que si un bien ne servait absolument à rien, il n'aurait aucun intérêt à nos yeux, nous ne lui attribuerions aucune valeur. Sauf à imaginer que ce qui nous fascine en lui c'est sa parfaite inutilité : c'est le cas des gadgets, nom que l'on donne à ces objets dont l'utilité est de nous amuser par le fait qu'ils ne servent à rien.

Après ça, une « chose » qui n'est pas un bien économique peut nous être utile sans qu'on en ait conscience. C'est le cas de la végétation qui absorbe le CO2 de l'atmosphère. Et puis il y a l'utilité esthétique, voire morale, des choses, qui leur donne de la valeur : la beauté d'un tronc noueux, par exemple. Pourtant, si le tronc noueux est aussi fascinant c'est en raison de son anormalité étonnante. Il est comme une œuvre d'art unique, et c'est ce qui le rend si précieux à nos yeux. Ce qui nous ramène à une autre dimension économique des choses : leur rareté.

C'est là que le marché intervient avec ses gros sabots. La valeur d'échange est celle qui provient de l'écart entre les *quantités demandées par ceux qui peuvent payer* et les *quantités offertes par ceux qui possèdent les marchandises*. La rareté est donc souvent relative. Le jour où plus aucune personne solvable ne voudra s'acheter une pierre précieuse, leur rareté disparaîtra. Et malgré les quantités énormes de pétrole encore disponibles, celui-ci devient rare en raison d'une demande mondiale qui ne parvient pas à se réduire.

Mais la valeur d'échange n'est pas la vraie valeur des choses. Elle n'est que le reflet de l'importance provisoire que leur donne le marché. Dans notre monde saturé de marchandises « non essentielles », l'utilité première de celles-ci reste en fait de satisfaire notre envie de possession. La preuve en est qu'il faut très peu de temps après leur acquisition pour que nous n'ayons plus envie.

Ces marchandises-là, destinées à devenir des déchets plus vite que les autres, n'ont finalement que la valeur des ressources prélevées dans la nature pour les fabriquer. Nous voilà revenus à notre point de départ : peut-on dire, avec Jean-Baptiste Say, que les richesses naturelles ne valent rien ? Au risque de choquer, je crois que la réponse est affirmative, sauf si on ose la remplacer par une autre, radicale, mais qui en est l'équivalent : la valeur des ressources naturelles est infinie.

La nature « n'a pas de prix »

Prenons l'exemple du pétrole, même si on pourrait élargir le propos à n'importe quelle ressource naturelle. Quelle peut bien être la vraie valeur de cette ressource non renouvelable, au-delà de sa simple valeur d'échange ou d'usage ? Une façon fréquente d'établir la valeur des choses, en économie, est d'imaginer leur disparition et de demander aux individus combien ils seraient prêts à payer pour disposer de ce bien ou ce service qui n'existe plus. Ester Duflo rappelle ainsi que l'on a pu estimer la valeur d'Internet à 2000 dollars par mois et par individu[47]. Pourquoi ? Parce qu'une expérience a été faite auprès de personnes choisies au hasard pour se priver d'Internet. Cette expérience leur a permis de réfléchir et de comprendre, après l'expérimentation, à ce qui leur manquait (les services numériques, l'usage des réseaux sociaux) et ce qu'ils avaient gagné en l'absence d'Internet (essentiellement du temps, pour eux-mêmes ou à partager avec leurs proches). Mais c'est la suite de l'expérience qui permet de déterminer le prix. On leur a demandé, une fois la première expérience réalisée pendant un mois, s'ils étaient prêts à la renouveler, et à quel prix. C'est là qu'on a vu que les individus demandaient environ 2000 dollars pour se priver une nouvelle fois d'Internet.

On peut procéder à un raisonnement identique avec les ressources naturelles. Certes, la question ne se pose pas du tout pour certaines, dont nous n'avons pas le choix de nous priver ou pas : c'est le cas, évidemment, de l'air et de l'eau. Mais il ne faudrait pas chercher longtemps pour comprendre qu'un nombre considérable de ressources minérales, animales ou végétales nous sont également indispensables. On commence à voir se dessiner un prix particulier, non ?

Mais revenons, pour l'instant, au pétrole : imaginons qu'il n'en reste plus qu'un seul baril disponible sur terre. Combien vaudrait-il ? Dans la mesure où l'on sait quelles utilisations vitales on peut faire de cette ressource, le prix de ce baril peut être raisonnablement estimé comme étant égal à la fortune de la personne la plus riche du monde, s'il pense pouvoir sauver la vie d'un de ses proches (ou la sienne) en utilisant ce pétrole sous une forme ou sous une autre. Le film *Mad Max*, même s'il ne prouve rien, permet d'imaginer ce que serait un monde où le pétrole serait très rare : ce serait un monde en guerre. Certes, dans un monde économique pacifié, le gagnant est le plus riche : il obtiendra forcément le pétrole au prix qu'il pourra y mettre (y compris en payant des mercenaires pour tuer tous ceux qui veulent s'approprier la ressource) : le prix le plus élevé possible.

Imaginons maintenant ce que vaudrait l'avant-dernier baril d'or noir. Sachant que le dernier aura un prix « infini » (ou le plus élevé possible), la question se pose de la même façon pour ce baril presque final. Sachant que c'est le dernier avant qu'il n'y en ait plus qu'un, son prix sera également « infini ». En raisonnant baril par baril jusqu'à aujourd'hui, on peut logiquement poser que le seul prix raisonnable du baril de pétrole *de nos jours* devrait être le prix de son dernier baril. Ce qui revient une fois de plus à dire que le pétrole *n'a pas de prix*, en réalité, même si une telle hypothèse est inadmissible : on ne voit pas ce qui nous pousserait à remplacer la valeur d'échange du pétrole, qui actuellement le rend accessible à des millions de personnes, par une valeur certes logique mais qui en priverait tout le monde. Bien sûr, d'un point de vue écologique et de protection du vivant, les ressources rares non renouvelables comme la biodiversité irremplaçable devraient n'avoir pas de prix, ou bien un prix qui les rend inaccessibles et les protège de toute prédation humaine. Mais ce serait porter un coup d'arrêt final à la production mondiale reposant sur l'usage de ces ressources.

En attendant que l'humanité prenne d'elle-même la décision de se priver de ressources naturelles rares et irremplaçables (ce qui n'arrivera pas de sitôt), nous sommes donc condamnés à faire comme Jean-Baptiste Say et considérer que celles-ci n'ont pas de prix.

Rappelons que le prix des ressources naturelles (leur valeur d'échange) n'est jamais que le revenu qu'on est prêt à offrir aux individus qui voudront bien nous mettre ces ressources à disposition. Ce n'est donc pas la richesse naturelle qui a une valeur d'échange. En économie, on paye toujours de l'activité humaine : « les services s'échangent contre des services », disait Frédéric Bastiat et le PIB serait bien en peine de donner le moindre prix et la moindre estimation des richesses naturelles : il enregistre juste la part de leurs revenus que sont prêts à céder ceux qui acquièrent de telles ressources auprès de ceux qui leur fournissent.

C'est profondément immoral, mais c'est comme ça : économiquement, les ressources naturelles n'ont pas de prix (l'expression est plus exacte que celle qui affirme qu'elles ne valent rien). D'ailleurs, toutes les tentatives de certains écologistes ou économistes de l'environnement de leur attribuer une valeur « à tout prix » (en les comparant par exemple à des biens économiques qui leur sont substituables) est selon moi un outrage à l'idée selon laquelle ces ressources uniques sont irremplaçables. On devrait, quelles que soient les motivations, refuser d'attribuer un prix quelconque aux ressources naturelles. Malheureusement, nous baignons dans une logique marchande et le marché a besoin de prix pour guider les comportements des agents.

Après avoir tenté de faire comprendre en quoi Say n'avait pas tort de supposer que les ressources naturelles sont gratuites, je dois préciser que le raisonnement de Jean-Baptiste Say est faux dans sa deuxième formulation :

« Les richesses naturelles sont inépuisables, car, sans cela, nous ne les obtiendrions pas gratuitement. Ne pouvant être ni multipliées ni épuisées, elles ne sont pas l'objet des sciences économiques[48] *».*

Cette citation a été mille fois reprise par les écologistes pour stigmatiser le mépris avec lequel les économistes traitent la nature et ses bienfaits : elle se conclue en effet avec une formule lapidaire (*« elles ne sont pas l'objet des sciences économiques »*) qui laisse entendre que la nature compte si peu qu'elle ne mérite même pas une place dans l'étude de la production. L'accusation est tout à fait injuste. Car Say ne fait jamais la preuve du moindre mépris pour les richesses naturelles : il fait juste le constat qu'elles sont gratuites pour celui qui les prélève, ce qui est la stricte vérité. C'est seulement à partir du moment où elles appartiennent à quelqu'un qu'elles deviennent une « richesse sociale », comme il dit, car la propriété privée va permettre de leur donner un prix : le revenu qu'en attend celui qui va les vendre. On pourrait reprendre utilement l'exemple des chutes du Niagara que Jean-Baptiste Say donne dans le même chapitre : *« Le saut du Niagara aux*

Etats-Unis, écrit-il, *qui est peut-être la plus belle chute d'eau du monde entier, et qui n'est la propriété de personne, ne sert à personne ».* À ce titre, c'est une richesse naturelle sans prix, affirme-t-il, alors qu'un ruisseau passant sur la propriété d'un manufacturier est une richesse sociale qui fait vivre de nombreuses personnes.

Tout le monde sait ce qu'il est advenu des chutes du Niagara, de nos jours : lieu de surtourisme mondialement connu, elles ont bien été privatisées. Elles sont ainsi devenues une richesse économique qui rapporte à ses propriétaires. Au fond, le raisonnement de Say est simple : ce qui apporte des revenus peut être considéré comme une richesse sociale. On ne sort pas de la logique économique, simple et efficace, et contre laquelle il me semble vain de se battre, au risque de vouloir donner une valeur à la nature qui ne sera jamais la bonne.

Mais j'ai parlé d'une faille de raisonnement chez Say, que personne ne relève jamais. *« Les richesses naturelles sont inépuisables, car, sans cela, nous ne les obtiendrions pas gratuitement » :* rien ne vous choque logiquement ? Les richesses naturelles peuvent être obtenues gratuitement si elles n'appartiennent à personne, c'est exact. Le dernier spécimen d'hippopotame, s'il n'est pas protégé par une propriété privée ou publique, pourrait être tué par un chasseur quelconque sans que cela lui coûte rien. Mais cela ne signifie pas qu'il en existe un nombre illimité ! Cette affirmation de Say raisonne à l'envers : ce n'est pas parce qu'une richesse naturelle est gratuite qu'elle existe en quantité illimitée : c'est juste la preuve qu'elle n'a pas de propriétaire qui veut en tirer un revenu. Le prix nul des ressources naturelles ne vient pas de leur abondance. Il a affirmé plus haut que les richesses naturelles sont données par la nature à tous (il l'a même souligné). Comme elle nous les donne, elles sont gratuites. Et c'est parce qu'elles sont gratuites que nous en déduisons qu'elles sont illimitées !

Car un bien inépuisable n'a aucune raison d'être payant. Mais un bien gratuit n'a aucune raison d'être en quantité illimité !

On revient ici à l'intuition de Malthus (partagée par John Stuart Mill) : si à l'échelle d'une vie humaine, il est possible que les ressources naturelles ne manquent jamais, rien n'indique qu'une demande croissante faite par une population en expansion exponentielle ne finisse pas par épuiser les ressources. Voilà où se trouve l'erreur de Say : parce qu'il part de la gratuité des richesses naturelles (qui est une hypothèse acceptable, comme nous l'avons vu, en raison de la seule alternative qui existe et qui consisterait à les rendre hors de prix), il en déduit qu'elles sont toutes en quantité illimitée[1]. Or, ce n'est pas le cas. Voilà dans quel piège sont véritablement tombés les économistes : n'ayant que les prix à leur disposition comme indicateur de rareté, ils prennent tout ce qui est gratuit pour des biens et services en quantités illimitées. Et quand sonne l'heure de donner un prix à la rareté croissante de ce qui était gratuit, on comprend que la gratuité n'était qu'une pure convention.

Qu'en déduire en termes de PIB ? Que les propriétaires des ressources en voie de raréfaction verront leurs revenus augmenter de plus en plus et c'est de cette façon, et seulement de celle-là, que le PIB pourra offrir un témoignage de l'existence des ressources naturelles.

Limite 4 : Le PIB mesure-t-il la production physique ?

« De quelle quantité de produits (biens et services) l'économie nationale a-t-elle disposé pendant l'année ? »

C'est par cette question que Jean-Paul Piriou ouvre son ouvrage d'initiation à la comptabilité nationale. Or jamais au fil des pages il ne répondra à cette question précise. Nous

---

[1] C'est le piège dans lequel n'est pas tombé Malthus. Mais la thèse de Say étant plus favorable à la croissance que celle de Malthus, c'est sans doute pour cela que les économistes l'ont retenue.

ne connaîtrons jamais la « quantité de produits » qu'évalue le PIB. Car, comme il le dit quelques pages plus loin, la production nationale ne peut pas *« être évaluée en mètres carrés ou en tonnes »*[49]. C'est à ce problème crucial que nous allons nous consacrer maintenant.

Au risque de me répéter, *le PIB additionne les revenus versés*, qui sont, en première approximation, la seule mesure dont on dispose de la production réalisée, biens et services confondus. Or, par une manipulation statistique comme les économistes les affectionnent, cette production totale *en valeur* (ou en euros, puisque ce sont des sommes de valeurs ajoutées, calculées à partir des chiffres d'affaires) peut être transformée en production *en volume*, c'est-à-dire en quantités. Pour cela, il faut s'appuyer sur l'évolution des prix des biens et des services vendus.

L'idée est ingénieuse. Elle part du constat selon lequel le PIB nous permet d'observer *l'évolution du total des biens et des services produits, estimés en valeur*, c'est-à-dire aux prix où ils ont été vendus. Les comptables nationaux se sont dit que s'ils pouvaient avoir une idée, même approximative, de *l'évolution des prix de vente de l'ensemble de ces biens et services* ils pourraient, par simple calcul de leur différence, avoir une idée de *l'évolution des quantités produites*. Pas d'inquiétude : l'explication est beaucoup plus simple que l'exposé du principe général. Je suis convaincu que vous allez comprendre.

Prenons, si vous le voulez bien, l'exemple d'un PIB réduit à un seul produit et à un seul prix. Au cours de la première période, ce « pays » produit 100 € de valeur ajoutée. Remarquez que l'on ne connaît pas les quantités produites ni leur prix, *car on n'en a pas besoin* (pour permettre au lecteur de vérifier la pertinence de mon calcul, je lui vends quand même la mèche : il s'agit de 200 œufs à 0,5 € l'unité).

Supposons que je connaisse l'évolution du PIB en valeur : il est passé de 100 € à 150 €, soit une hausse de + 50 %. Imaginons maintenant que les prix aient augmenté de 20 %. De combien a augmenté la production d'œufs ? Facile[m] : de + 50 % diminués de 20 % => donc de + 25 % !

On vérifie ? Le prix de vente initial était de 50 centimes. En augmentant de 20 %, il est passé à 60 centimes, soit 0,6 €. Le PIB étant maintenant de 150 €, divisé par 0,6 cela fait 250 œufs produits. Comme il y en avait 200 produits dans la période précédente, cela correspond bien à une hausse de + 25 % de la production en volume. Compris ?

	PIB en valeur	Prix	PIB en volume
Période 1	100	0,5 €	200
Période 2	150	0,6 €	250
Variations	+ 50 %	+ 20 %	**+ 25 %**

Si vous n'avez toujours pas compris, alors croyez-moi sur parole ! Sans connaître les quantités produites (200 et 250), et muni des seuls indicateurs de la valeur ajoutée et de l'évolution des prix de vente, je peux en déduire l'évolution des quantités produites (+ 25 %). En termes de PIB, cela signifie que si je connais l'évolution d'un PIB en euros, entre deux dates, et si je connais l'évolution des prix sur la même période, *je sais calculer l'évolution des quantités correspondantes, alors que je ne connais pas ces quantités !* De là à dire que l'on sait mesurer la production en volume, donc en quantités, il n'y a qu'un pas que les économistes franchissent un peu trop rapidement.

La grande cuisine des prix

Les critiques de la croissance dénoncent volontiers l'impuissance du PIB à évaluer notre véritable richesse. Il

---

[m] Une telle opération mathématique nécessite de diviser le coefficient multiplicateur du PIB en valeur par celui des prix. C'est donc 1,5 divisé par 1,2 qui fait 1,25, soit +25 %. C'est la seule difficulté de l'exercice.

faudrait, en réalité, insister sur l'incapacité des prix, d'une manière générale, à nous parler de réalité physique.

Par exemple, il se raconte que les panneaux solaires et les éoliennes rapportent actuellement plus que ce qu'ils coûtent et que c'est pour cela qu'ils sont notre avenir énergétique. Il faut n'avoir rien compris à la formation des prix dans une économie marchande pour avancer de tels propos. Personne ne sait ce que rapporteront à long terme de tels investissements.

Car ce que coûtent les ENR dépend d'une foultitude de prix dont chacun ne fait que refléter l'importance que, par convention, nous attribuons :

1/aux facteurs de production qui permettent la fabrication de ces convertisseurs en énergie électrique 2/aux convertisseurs eux-mêmes que nous désirons tant installer 3/aux sources d'énergie alternatives qui permettraient de s'en passer 4/aux territoires ou espaces sur lesquels nous allons les implanter, etc.

Et aucun de tous ces prix n'est autre chose qu'une convention arbitraire destinée à évoluer de façon imprévisible. D'ailleurs, dire qu'il ne faudrait pas investir dans les éoliennes, parce qu'en vrai elles ne seront pas ou ne pourront jamais être rentables, n'est pas plus pertinent.

Dans le mémorable chapitre 12 de sa Théorie générale, John Maynard Keynes mettait un bémol aux déterminants de l'investissement qu'il avait longuement étudiés dans le chapitre précédent. Passée l'étude attentive de l'efficacité marginale du capital et des taux d'intérêt, Keynes se lâche : si on regarde de plus près, dit-il alors, la plupart des investissements sont le fruit de décisions irrationnelles prises par des entrepreneurs au tempérament sanguin sur la base de calculs et de prix incertains. L'avenir est radicalement incertain. Tout simplement, nous ne le connaissons pas[50].

« Notre connaissance des facteurs qui gouvernent le rendement d'un investissement quelques années plus tard est en général très faible et souvent négligeable. À parler franc, on doit avouer que, pour estimer 10 ans ou même 5 ans à l'avance le rendement d'un chemin de fer, d'une mine de cuivre, d'une fabrique de textile, d'une marque pharmaceutique, d'un transatlantique ou d'un immeuble dans la City à Londres, les données dont on dispose se réduisent à bien peu de chose, parfois à rien »

Alors ? À quoi se fier, pour les grands investissements ?

« Les autorités publiques, lorsqu'elles investissent, sont ouvertement influencées par la présomption générale qu'on peut attendre certains avantages sociaux de l'investissement, quel que doive être dans une large limite le rendement commercial qui en sera tiré », ajoutait-il.

En clair : la rentabilité future des investissements publics, on s'en contrefiche un peu. Le besoin social est toujours prioritaire dans la décision d'investir. Aucune ligne de chemin de fer n'aurait été construite si on avait attendu d'en connaître la rentabilité réelle avant de lancer les chantiers.

Et c'est là qu'on en revient aux éoliennes. Il aura suffi que la conscience de l'urgence climatique prenne peu à peu consistance dans nos sociétés pour que les planètes s'alignent et que tous les prix se fixent aux niveaux qui rendent possibles de tels investissements. Finalement, on n'investit pas dans des activités parce qu'elles sont rentables mais lorsque la conviction est largement partagée qu'elles le seront. Ou qu'il faut qu'elles le soient. Regarder les prix, c'est comme lire dans le marc de café ou dans les entrailles de poisson. Ça rassure, c'est tout. Du coup, leur utilisation dans des manipulations statistiques, quelles qu'elles soient, est toujours contestable.

De toute façon, jamais, au grand jamais, aucune comptabilité nationale n'a mesuré l'ensemble des quantités produites dans un pays, qu'on se le dise ! Pour une première raison, absolument évidente : *il n'existe aucune unité de mesure commune permettant d'additionner tous les biens et les services produits !* On a coutume d'évoquer des choux et des carottes pour illustrer le fait que 15 choux plus 3 carottes cela ne fait pas vraiment 18 légumes homogènes. Et encore, ces deux-là ont-ils une caractéristique commune. Mais 15 choux, plus 3 bouteilles de soda et deux voitures, combien cela fait-il de biens de consommation ? 20, bien sûr. Et si je passe ensuite à 20 choux, 12 bouteilles de soda et 3 voitures (cas 1), ai-je plus ou moins augmenté la production qu'en passant à 16 choux, 5 bouteilles et 4 voitures (cas 2) ? Vous pouvez compter et recompter dans tous les sens, le nombre de biens produits dans le second cas est plus faible. Pourtant, si je pèse ma production en quantité de matière, ce sera le cas 2 qui me donnera la plus forte augmentation « en volume ».

	Choux	Soda	Voitures	Total produits
Départ	15	3	2	20
Cas 1	20	12	3	35
Cas 2	16	5	4	25

Mais qu'importe, je le répète : *on ne fait jamais une telle addition en économie !* On ne connaît que le montant total de la production de valeurs ajoutées aux prix du marché et l'évolution des prix. Et c'est là que la cuisine statistique devient un peu indigeste. Car si l'on veut avoir une idée de la hausse des quantités produites en retirant simplement la hausse des prix à la hausse du PIB en valeur, encore faut-il savoir mesurer la hausse générale des prix, ce qui pose une foule de problèmes complexes.

Les difficultés auxquelles se heurtent les comptables nationaux pour procéder à une telle opération sont très nombreuses, et je ne les détaillerai pas ici[51]. J'en citerai juste une seule, sans doute la plus complexe : le problème de la modification dans la nature des biens (ou des services) produits. Si un produit voit son prix augmenter mais qu'il intègre une nouvelle fonctionnalité qui n'existait pas sur le modèle précédent, s'agit-il toujours d'une hausse du prix de ce produit ou juste d'un changement de produit ? Si je fais l'hypothèse que c'est toujours le même produit qui est vendu plus cher, je vais devoir retirer cette hausse du prix au PIB en valeur et j'aurais le sentiment que les quantités produites n'ont pas trop augmenté. Mais les comptables nationaux ont l'habitude de *ne pas déflater une telle hausse des prix*, pour intégrer le fait qu'il s'agit d'un produit de meilleure qualité. Or, cette hypothèse fait augmenter le PIB en volume autant que le PIB en valeur, alors même que l'*on n'a pas d'augmentation des quantités produites*, mais juste une augmentation de la qualité des produits vendus !

Laissons les comptables nationaux réfléchir à ce problème presque métaphysique : la somme de produits plus chers et de meilleure qualité peut-elle être considérée comme équivalente à la somme de produits moins chers, plus nombreux mais de moins bonne qualité ? Une seule chose est sûre, et j'insiste sur ce point : le PIB n'a jamais mesuré la production des biens et des services en quantités de produits ! Et l'évaluation approximative que l'on construit mathématiquement de la hausse des quantités produites, par déduction de la hausse du PIB en valeur déflatée de la hausse du niveau moyen des prix, n'est qu'un artefact statistique qui donne juste *un ordre de grandeur* (très discutable) de l'augmentation des quantités produites.

Décidément, on y revient toujours : la seule chose dont on soit vraiment sûrs à propos du PIB est qu'il n'additionne que des revenus, qu'il ne mesure aucune richesse économique réelle ni aucune quantité produite. Un dernier point mérite d'être évoqué : le PIB n'a jamais mesuré et ne mesurera jamais ce que l'on trouve désirable.

Limite 5 : Le PIB mesure-t-il nos choix sociaux ?

Nous avons vu que le principe de construction du PIB est finalement plutôt simple : partout où des revenus sont versés, ils sont intégrés au revenu national.

Il faut évoquer le cas très particulier des services non marchands, pas ceux de la sphère reproductive mais ceux produits par les administrations publiques et qui ont tant fait débat jusqu'à ce qu'on les intègre en 1976. Dans la mesure où l'État ne vend pas sa production, on ne dispose pas de prix pour les services non marchands et on ne peut pas, par conséquent, mesurer de valeur ajoutée. Cependant, l'État verse des revenus à ses fonctionnaires sous forme de traitements et de primes. Il n'y a aucune raison de ne pas compter ces rémunérations dans le revenu national. C'est ce qu'on fait, en faisant l'hypothèse que la production des administrations publiques vaut ce qu'elle coûte à produire (comme une production marchande qui serait vendue à prix coûtant, en quelque sorte[52]).

Les comptables nationaux ont mis du temps à intégrer ces revenus dans la « richesse nationale ». Dans une vision marxiste de la production, comme dans celle de Smith et Malthus, les administrations ne créent pas de valeur : elles détournent les richesses du système productif marchand pour se les approprier et financer des biens et services publics. Si l'on admettait que le PIB n'est qu'une mesure des revenus versés, ce débat n'aurait pas lieu d'être, et les émoluments des fonctionnaires s'ajouteraient à ceux de tous les autres acteurs du secteur marchand.

Mais si on envisage le PIB comme une mesure de la « véritable » création de richesses (sous-entendu : des richesses matérielles), alors la question se pose de savoir si l'activité non marchande des administrations publiques est une activité productrice de valeur ajoutée. Une fois de plus, je ne veux pas faire le tour de ce débat de spécialistes mais juste vous faire toucher du doigt un point essentiel : les critiques du PIB présentent souvent cet agrégat comme le résultat d'une simple convention, d'un accord entre économistes pour décider de ce qui mérite d'être compté et de ce qui ne le mérite pas. Le cas des services non marchands semblerait l'illustrer. Si on a pu, pendant de nombreuses années, réduire le PIB à sa dimension marchande (et même, dans les pays communistes, à la seule production nationale des biens produits, en excluant les services marchands), c'est bien la preuve que le PIB ne mesure que ce qui nous arrange. Fruit de choix qui sont politiques, il devrait alors être possible de le remettre en cause pour des raisons politiques.

Ces arguments de spécialistes donnent en effet du grain à moudre à ceux qui n'y connaissent rien en comptabilité nationale, et qui sont largement les plus nombreux, comme nous l'avons vu en introduction. La même question se pose avec tous les indicateurs complexes, comme la mesure du chômage ou la comptabilité des émissions de carbone. Puisque des choix doivent être faits pour décider des mesures les plus pertinentes, puisqu'il faut bien arbitrer entre plusieurs façons de cerner ce que l'on cherche à évaluer, les usagers de ces indicateurs expriment la plus grande défiance envers ces constructions statistiques complexes soupçonnées d'être taillées sur mesure pour ceux qui les ont commandées[n], en l'occurrence l'État, pour le PIB.

Or, toutes les discussions sur la pertinence des choix qui sont faits pour construire un indicateur particulier se heurtent souvent à un principe de réalité : les meilleures décisions qu'il faudrait prendre pour construire une statistique de qualité ne sont pas toujours celles que l'on

[n] C'est toujours arrivé à ce point précis de la discussion sur la fiabilité des statistiques que l'on convoque la fameuse citation de Winston Churchill : *« Je ne crois qu'aux statistiques que j'ai fabriquées moi-même »*.

peut mettre en œuvre facilement. Inversement, certains calculs incomplets ou insatisfaisants sont très faciles à faire et donnent immédiatement des résultats. Incomplets, certes, mais utilisables. Paul Valéry disait à ce propos : *« Ce qui est simple est toujours faux. Ce qui ne l'est pas est inutilisable »*. Or il faut bien, si l'on construit un indicateur, que l'on puisse s'en servir.

C'est ainsi qu'il faut voir et comprendre la place croissante du PIB et le succès qui a été le sien dans le monde économique. En tant que somme des revenus, le PIB est un indicateur très limité mais relativement simple, tant à construire qu'à utiliser. Certains critiques du PIB ont fait dire à Simon Kuznets qu'il se méfiait lui-même des défauts de sa créature statistique. Ça n'est pas la vérité. Kuznets a juste déclaré que le PIB ne pouvait pas être vu comme un indicateur qui donnerait une autre information que celle sur le bien-être économique, et qu'il n'était pas pertinent de lui en demander plus. Mais dans la mesure où le bien-être économique est directement relié à la capacité des agents à se procurer des biens et des services marchands, le PIB est le meilleur indicateur possible de ce type de bien-être, pensait Kuznets.

Et ça tombe bien, parce que les revenus marchands sont des données statistiques assez faciles à collecter ! Toute tentative d'intégrer d'autres dimensions du « confort » matériel ou immatériel dans lequel vivent les gens se heurte à la difficulté de construire des indicateurs objectifs de celui-ci. On doit se replier alors sur des indicateurs subjectifs, des mesures du ressenti, qui aboutissent parfois à des indicateurs à peu près inutilisables, comme le Corruption Perception Index (CPI) de l'ONG Transparency International (voir Interlude 4).

Finalement, on en revient sans cesse au principe général de définition de la richesse établi par Malthus : allons au plus simple et au plus indiscutable. Les revenus sont connus : faisons-en la somme et utilisons-la pour comprendre comment évolue l'activité économique marchande (et l'activité non marchande monétaire, celle qui donne lieu à des versements de revenus, comme dans les services publics). On peut aussi estimer le montant des activités marchandes non déclarées, et pourquoi pas quelques services que les ménages se rendent à eux-mêmes et qui peuvent être assimilés à des revenus qui échappent au marché[53]. Mais il ne faut pas aller plus loin : on ne peut pas compter tout ce qui compte.

Vous savez, vous, ce qui est important dans la vie ?

À ce propos, toutes les critiques du PIB reprennent en chœur la citation de Robert Kennedy[54] comme argument de délégitimation du PIB. Mais je ne l'ai jamais vue citée dans son intégralité. Je la reproduis donc ici.

Mais ce PNB -si nous jugeons les USA à travers lui – ce PNB comptabilise la pollution de l'air et la publicité sur les cigarettes, ainsi que les ambulances qui dégagent les accidents sur nos autoroutes. Il compte les serrures blindées sur nos portes et les prisons pour y mettre les gens qui les forcent. Il compte la destruction des séquoias et la perte incontrôlée de nos ressources naturelles. Il compte le napalm et compte les têtes de missiles nucléaires comme les voitures blindées avec lesquelles nos forces de police luttent contre les émeutes urbaines. Il compte le massacre perpétré par Charles Whitman à l'université du Texas, la tuerie au couteau de Richard Speck et les programmes de télévision qui glorifient la violence au lieu de vendre des jouets à nos enfants.

Et pourtant, le PNB ne permet pas de connaître la santé de nos enfants, la qualité de leur éducation et leur plaisir à jouer. Il n'inclut pas non plus la beauté de notre poésie ou la solidité de nos mariages, l'intelligence de notre débat public et l'intégrité de nos représentants. Il ne mesure pas plus notre esprit que notre courage, pas plus notre sagesse que notre savoir, pas plus notre compassion que notre dévouement envers notre pays. Il mesure tout, en résumé, sauf ce qui fait que la vie vaut d'être vécue. Et il peut tout nous dire sur l'Amérique sauf pourquoi nous sommes fiers d'être Américains.

Quel problème ai-je avec cette citation qui semble écrite par un scénariste hollywoodien[55] ? C'est qu'elle est systématiquement tronquée par ceux qui l'utilisent. Ils isolent l'avant dernière phrase des deux qui l'encadrent : *« notre dévouement envers notre pays (...) pourquoi nous sommes fiers d'être Américains »* disparaissent systématiquement, et je crois savoir pourquoi. Car ce patriotisme américain ne fait pas partie de l'appareil idéologique de ceux qui critiquent le PIB (globalement, des socialistes néokeynésiens). Ils préfèrent, comme Dominique Méda, poser qu'une bonne société ne peut pas être une société où *« une fraction encore plus grande [de la population] se sent chaque jour menacée [par la pauvreté] »* et où *« le Front national obtient des scores très élevés aux élections »*[56]. Ce qui compte alors, c'est de réduire les inégalités et de faire reculer les forces d'extrême droite°.

Voilà où est le problème, à mon avis : l'expression *« tout ce qui compte »* semble homogénéiser des désirs qui ne le sont pas. De quelle *« beauté de notre poésie »* parle Bob Kennedy, par exemple ? Qui saurait évaluer d'une quelconque façon une telle richesse qui, si elle est acceptable à large échelle, est loin d'avoir le même sens selon que l'on considère que Bob Dylan ou quelque rappeur

° On me fera sans doute le grief de ne pas trancher publiquement sur la question de mettre ou pas le patriotisme parmi les valeurs « qui comptent » ou pas. Mais j'essaie de rester sur une critique objective de la mesure de la richesse. En montrant ici que lorsqu'elle dérive sur le terrain politique, elle ne fait que rendre le problème de cette mesure plus insoluble encore.

à la mode sont des poètes ou ne le sont pas, ou que la poésie américaine s'arrête à Walt Whitman ou à Jack Kerouac. Et d'ailleurs, est-on sûr que la poésie compte tant que ça pour les Américains qui ne font pas partie de l'élite du parti démocrate ? La position politique de Dominique Méda est respectable, mais en démocratie elle ne peut pas servir de boussole pour un pays entier si elle nous donne pour objectif national de réduire les succès électoraux d'une force politique en particulier. Car le patriotisme US serait-il à inclure dans « ce qui compte », si l'on suit Bob Kennedy, alors que ne le serait pas le patriotisme de l'extrême-droite française ? Qui tranchera sur ce point[57] ?

Je veux montrer ici que les débats sur *ce qui mérite d'être compté* dans le PIB sont vains. Il y a à la fois trop de choses *impossibles à évaluer* et trop d'activités *possiblement évaluables* dont l'utilité sociale prête à discussion. Évidemment, une sorte de biais de connivence persuade les gens qui critiquent entre eux le PIB qu'il faut inclure certaines activités de la richesse nationale et en exclure d'autres. Le choix de celles-ci leur semble couler de source. Mais ce chantier leur semble réalisable *parce qu'ils partagent a priori* les mêmes valeurs. La vision de la décroissance portée par Timothée Parrique entretient typiquement ce travers, selon moi : elle présuppose que si l'on met en place des comités citoyens de réflexion sur les bons usages des ressources, on trouvera une position commune. Rien n'est moins sûr. Laissez à une assemblée de copropriétaires le soin de décider de l'usage d'un simple lopin de forêt et vous verrez s'écharper ceux qui veulent en faire un terrain d'accrobranches pour leurs enfants, ceux qui veulent y cultiver des châtaignes et ceux qui veulent rendre ses droits à la nature sauvage sans aucune intervention humaine. Croire que l'on peut établir un indicateur de richesse sur des bases politiques universellement acceptables est une gageure.

Pour être très clair : je ne crois pas à l'élaboration collective d'un indicateur de richesse nationale[58] qui n'intégrerait que des activités unanimement considérées comme utiles socialement. Je préfère m'en tenir à notre bon vieil agrégat qui additionne benoîtement l'ensemble des revenus distribués, sans porter dessus aucun jugement de valeur. On peut toujours dire, avec Timothée Parrique que *« le PIB est en bonne partie une agitation aveugle stimulée aussi bien par l'essor des choses essentielles que par l'amoncellement de choses inutiles ».* Mais comme on ne sait pas trancher sur ce qui est essentiel ou inutile, cette critique est vaine.

Certes, le PIB nous indique « combien on s'agite », car à peu près partout où quelqu'un travaille contre un revenu, il se crée du PIB. C'est sa principale vertu : nous dire « combien on travaille ». Débarrassés de l'évaluation impossible des richesses économiques, nous allons pouvoir comprendre ce qu'il mesure vraiment et qui mérite que l'on s'attarde dessus. Car en ne s'occupant que de *ce que ne compte pas* le PIB, on est passé à côté, à mon avis, de ce qu'il mesure vraiment, et qui, pour le coup, est d'une importance capitale pour l'avenir de nos sociétés marchandes.

INTERLUDE 2

Si les chiffres parlaient…

Aucun chiffre ne dit rien de lui-même. Aucun ne parle avec la même puissance évocatrice qu'un mot ou qu'une image. Cela vient tout simplement du fait que le sens de chaque donnée statistique vient de l'unité de compte qui l'accompagne. On reproche à la comptabilité nationale de ne pas vraiment compter, puisqu'elle ne dénombre pas des choses de même nature[59]. C'est à nous de lui donner du sens.

Un exemple très symptomatique nous est donné par l'analyse de la croissance économique. Rien que la construction de l'indicateur choisi prête à discussion. Le PIB, on le sait, ne mesure pas tout ce que l'on voudrait voir entrer dans une mesure pertinente de la croissance. Tout en intégrant nombre de destructions qui n'ont rien à y faire.

Sauf qu'en attendant que s'impose un indicateur « ressenti » de la croissance, comme il en existe un en météo, il faut faire avec celui-là. Qui ne raconte pas n'importe quoi non plus. Pour faire simple, le PIB augmente à chaque fois qu'une personne paye pour qu'on lui fournisse un bien ou un service (déduction faite, bien sûr, de la hausse du prix de la prestation).

Donc, la hausse du PIB n'est, comme dit Jean Gadrey, que la mesure du « combien on s'agite » à faire davantage de trucs que l'année d'avant.

Bien sûr, ce qui plaît tant dans le PIB, c'est qu'il fait la somme des revenus distribués pendant un an. Donc, si l'on observe l'évolution de cette somme divisée par le nombre d'habitants sur le territoire, on obtient quelque chose qui ressemble au niveau de vie moyen dans le pays.

Le problème est de ne pas faire dire aux chiffres plus que ce qu'ils disent. La relative stagnation du niveau de vie français observée statistiquement ne nous parle pas de fin de la croissance : parce que notre population augmente !

Ainsi, proclamer la fin de la croissance française au prétexte que le niveau de vie stagne depuis 2008 est exactement l'équivalent de l'affirmation selon laquelle un individu assis dans un train n'avance pas, sous prétexte qu'il est assis. Il faut bien évidemment prendre en compte le déplacement du train lui-même, en l'occurrence chez nous la hausse de la population : même avec un niveau de vie stagnant en France, la croissance de notre PIB (et de notre population) est réelle.

Encore que « réelle » ne soit pas vraiment le terme approprié. Car si on observe justement ce que les gens consomment « réellement », en choses qui se mangent ou s'utilisent, on peut vérifier qu'on est déjà en décroissance. C'est ce que l'on observe dans l'évolution des quantités de marchandises transportées. Depuis environ 15 ans, le nombre de tonnes-kilomètres réalisées par beaucoup de modes de transport est à la baisse[60].

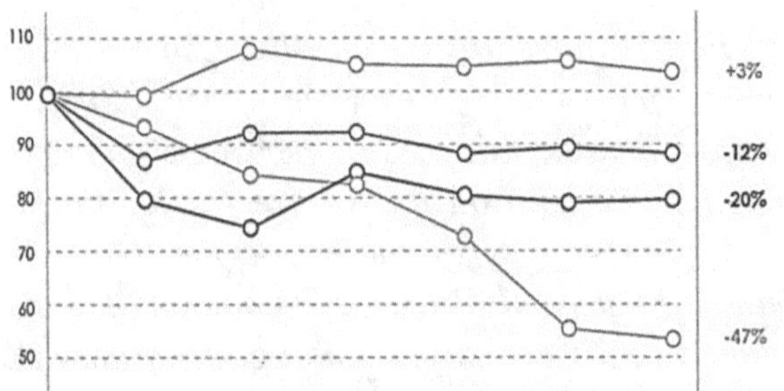

Mais si les chiffres pouvaient parler, ils nous diraient que cela ne raconte rien sur le nombre total d'objets transportés ni sur leur valeur.

Et ils auraient raison.

CHAPITRE TROIS
Ce que mesure vraiment le PIB

Puisque mon lectorat connaît maintenant ce que le PIB ne mesure pas, hormis l'ensemble des revenus versés dans une économie marchande, il nous est possible de réfléchir ensemble à ce qui se cache derrière le PIB.

Car il existe trois pistes qui méritent d'être creusées en matière d'explication de ce que mesure vraiment le PIB. La première est celle du bonheur. La seconde, très souvent ignorée et pourtant essentielle, est celle des activités que nous n'aimons pas faire nous-mêmes. La dernière, plus importante encore que les deux autres, est celle des déchets que nous produisons en travaillant.

Piste 1 : Le PIB fait-il le bonheur ?

On sait à quel point cette question agace les écologistes de tous bords. Car il est impossible pour eux que le bonheur ait quoi que ce soit à voir avec le revenu national. On a d'ailleurs vu qu'il a été en partie défini, depuis Malthus, de telle sorte à *ne pas prendre en compte* ce qui va au-delà de la simple richesse matérielle évaluée par les revenus. Et comme le bonheur ne peut pas être une affaire matérielle (sinon, cela priverait les plus démunis d'une dimension essentielle de leur humanité), il est impossible moralement d'associer d'une quelconque façon le bonheur au PIB.

Pourtant, certains économistes s'y essaient depuis un demi-siècle[61]. On date ce courant de recherche des premiers travaux de Richard Easterlin, en 1974. Son premier article s'intitulait explicitement : « *La croissance économique améliore-t-elle le sort des individus ? Quelques évidences empiriques*[62] ». Et l'évidence qu'il a établie est la suivante : le bonheur subjectif, celui qui est déclaré spontanément par les individus interrogés, augmente proportionnellement au

PIB jusqu'à un certain niveau. Au-delà d'une certaine limite, il semblerait que la croissance du PIB ne modifie plus le bonheur déclaré. On a nommé ce fait stylisé[p], pour parler comme les économistes, le « paradoxe d'Easterlin ».

Peut-on vraiment savoir si les gens sont heureux ?

Avant de commenter ce paradoxe, quelques remarques s'imposent sur ce courant de recherche économique et sur sa légitimité. Il faut d'abord insister sur la qualité des sondages réalisés à travers le monde pour collecter les données sur le bonheur dans le monde. L'institut britannique Gallup, pionnier dans les sondages, est bientôt fort de 2 millions de questionnaires passés auprès de dizaines de milliers de personnes représentatives de 98 % des adultes de la population mondiale, dans 140 langues différentes et 150 pays différents. *« Chaque pays, chaque ville, chaque citoyen peut être entendu »,* affirme l'entreprise dans un clip promotionnel. Le rapport sur le bonheur dans le monde est l'un des nombreux champs d'investigation de cette fabrique de sondages d'opinion. Cet institut alimente, avec beaucoup d'autres, la base de données du World Values Survey (WVS), un programme de recherche mondial initié par Ronald F. Ingelhart[63], et qui est consacré à l'étude scientifique et universitaire des valeurs sociales, politiques, économiques, religieuses et culturelles des peuples du monde.

Il faut avoir une idée claire de la force de la loi des grands nombres pour comprendre la fiabilité de tels sondages. En effet, il est facile de passer un questionnaire sans intérêt auprès de quelques personnes qui ne seraient représentatives d'aucun groupe plus vaste. Mais les résultats obtenus par Gallup et ses confrères concernent tant de gens dans tant de pays que c'est un gage de la qualité des

---

[p] On nomme ainsi un fait économique ou social dont la démonstration statistique a été établie.

résultats obtenus. Car sur de tels échantillons, les résultats aberrants n'influencent pas le résultat global. Mieux encore : les grandes tendances observées se retrouvent dans de nombreux pays, ce qui est une façon de vérifier la solidité des conclusions tirées par chaque sondage[q]. On peut aussi tester l'influence de différentes variables en les neutralisant, comme disent les statisticiens.

Par exemple, on constate que les Français, pour un niveau de revenu par habitant équivalent à d'autres pays, sont plutôt moins nombreux à se déclarer heureux. On peut se demander cependant si le sens des mots utilisés pour désigner le bonheur ou la satisfaction n'aurait pas un poids différent en français par rapport aux autres langues (qui parlent de *Happiness, Glük, Felicidad, Lykke*, etc.) On aurait alors affaire à un simple problème de méthode, mais pas à un impact plus faible du niveau de vie des Français sur leur niveau de bonheur subjectif (celui qu'ils déclarent). Rien de plus simple à vérifier : s'il est vérifié que les Wallons francophones se déclarent eux aussi moins heureux que les Flamands, ce n'est pas le cas des Suisses ou des Québécois francophones qui se déclarent plutôt plus heureux que les autres. Cette comparaison avec des francophones dont le revenu moyen est proche du nôtre nous apprend que ce n'est donc pas le fait de s'exprimer en français qui joue un rôle. C'est bien le fait *d'être français*.

Certes, on ne sait jamais si les gens sont « aussi heureux » qu'ils le disent, mais ce n'est pas ce qui intéresse les économistes du bonheur. Leur seul objectif est d'étudier l'idée que les gens se font de leur propre bonheur. Ils cherchent alors si ce sentiment est lié au niveau moyen de revenu dans leur pays, ce qui est une question presque aussi ancienne que l'humanité… et que la monnaie. Les penseurs

[q] Sauf à supposer que, par un hasard extraordinaire, ils se tromperaient tous de la même façon, quel que soit le pays dans lequel ils sont réalisés.

grecs avaient philosophé sur le prix qu'on attribue aux objets qui nous entourent. Épicure, qui se plaignait déjà qu'on ait résumé sa pensée à la recherche des plaisirs abondants, mettait en garde contre l'accumulation des richesses. Dans la *Lettre à Ménécée*[64], il considérait que la sagesse est de leur laisser une place si on le peut, mais sans courir après et sans dépendre du fait qu'elles soient là ou non. *« Chez moi, les richesses ont quelque place »,* disait-il à Ménécée, *« Elles ont chez toi la plus haute ; pour tout dire, elles m'appartiennent, toi tu leur appartiens ».*

Le débat est passionnant, mais nous n'avons pas besoin de savoir à quelles conditions et pourquoi l'argent fait ou non le bonheur. Nous voulons juste savoir si les individus ont le sentiment qu'une hausse du PIB pourrait augmenter leur bonheur. Nous allons donc essayer de comprendre si les revenus, dont la quantité augmente avec le PIB, peuvent accompagner le sentiment des gens d'être heureux, en esquissant rapidement les raisons qui expliquent cette relation.

L'argent (des uns) fait-il le bonheur (des autres) ?

Le constat n'est pas vraiment étonnant : il n'existe aucun pays dans lequel les riches ne se déclarent pas plus heureux que les pauvres. C'est un résultat solide. On a parfaitement le droit de voir là le fruit d'une « colonisation de l'imaginaire[65] » mondial, mais le constat est réel. La plupart des riches se sentent plus heureux que les pauvres.

Voici ce qu'en dit Claudia Senik au terme d'une étude assez poussée[66] : *« Les données transversales montrent clairement que la croissance du revenu produit des bénéfices tangibles en matière de bonheur et de la satisfaction dans la vie déclarés par les individus, quoique avec des rendements marginaux décroissants (suivant une relation concave*[r]*). Dans un pays donné, les riches font état*

[r] C'est-à-dire que le lien est de plus en plus faible.

d'un niveau de bonheur plus élevé que les pauvres ; de même, ceux qui vivent dans des pays riches sont plus heureux que ceux qui vivent dans des pays pauvres ».

La question de savoir si l'argent fait le bonheur n'est pas réglée pour autant. D'abord, car l'argent est avant tout un pouvoir d'achat, et il est possible que ce ne soit pas la possession d'argent qui rende heureux, mais l'usage qui peut en être fait. Dans la mesure où toutes les sociétés sont devenues marchandes, les revenus sont devenus la condition du bonheur que ressentent les individus quand ils peuvent satisfaire un très grand nombre de besoins. Voilà donc ce que mesurerait le PIB : la possibilité d'être satisfait dans une société marchande.

Mais les études des économistes du bonheur vont plus loin : elles montrent que c'est moins le niveau absolu de leur revenu qui contente les individus que le fait qu'il soit supérieur à celui de leurs voisins. De façon parfois contradictoire. Par moments, ils se déclarent heureux si leurs revenus sont supérieurs à ceux de leur entourage (ce fait est largement vérifié dans les enquêtes), mais dans d'autres situations, l'enrichissement plus rapide de leurs congénères est un signe qu'ils regardent positivement et qui les rassure sur leur propre condition. D'une manière générale, ils aiment surtout se dire que leurs revenus *pourraient augmenter* à l'avenir. Inversement, l'idée que leurs revenus *pourraient baisser* est une réelle source d'inquiétude.

Voici comment expliquer cette préférence pour la hausse de nos revenus. Quand on dit à quelqu'un : *« J'ai deux nouvelles à vous annoncer : une bonne et une mauvaise. Je commence par laquelle ? »*, la grande majorité des personnes à qui l'on pose cette question choisissent d'apprendre la mauvaise nouvelle en premier. En économie du bonheur, on parle de *« préférence pour les séquences améliorantes »*. Les gens veulent pour imaginer un avenir meilleur. Les expériences faites sur le sujet montrent que non seulement les personnes testées précipitent les évènements désagréables pour s'en débarrasser mais aussi qu'ils repoussent parfois ceux qui leur procureront du plaisir ![s] Cette délectation anticipée est pour eux une source de satisfaction importante.

Ce trait psychologique, s'il devait être une caractéristique universelle chez les individus, plaide en faveur du maintien de la croissance des revenus dans le futur. Car, ce que les gens préfèrent avec la croissance, ce sont les perspectives d'amélioration qu'elle promet. Et la hausse des revenus en est une.

D'autres recherches confirment que les individus ont une *aversion à la perte*, et que plusieurs années après avoir été marqués par un évènement déplaisant, en particulier une baisse de revenus, les gens continuent à considérer que leur existence est source de moins de satisfaction qu'avant.

Ainsi en est-il de même pour les peuples ayant connu une période glorieuse, réelle ou fantasmée. Dans toutes les enquêtes sur le niveau de bonheur subjectif, déclaré par des panels de sondés dans la plupart des pays du monde, on a vu que les Français sont ceux dont le niveau de satisfaction correspond le moins aux conditions de vie objectives dans leur pays. C'est même un sujet d'étonnement de la part des étrangers qui associent à notre pays des conditions idéales d'existence, une sorte de douceur de vivre unique au monde. Ce paradoxe français (que certains imputent au système scolaire qui diffuserait une vision trop négative de la réalité sociale, en particulier du monde économique[67]), n'est pas encore bien élucidé. Mais il pourrait être dû à un

[s] Ceci contredit l'idée, largement popularisée ces dernières années, selon laquelle les individus recherchent sans cesse leur plaisir immédiat, poussés par un déterminisme biologique et neurologique lié au fonctionnement de leur striatum et à son système de récompenses.

sentiment de « déclin » civilisationnel, ou de perte de grandeur de la culture française.

Une seule chose est assez bien vérifiée empiriquement : pour définir leur niveau de satisfaction, les gens ont besoin d'un point de repère. Ça peut être le passé, comme on l'a vu pour les Français. Mais ça peut être aussi leur entourage : les gens déclarent majoritairement préférer être moyennement riche parmi des plus pauvres qu'un peu riche parmi des ultras riches.

Enfin, les gens se déclarent plus heureux dans les pays où la possibilité de s'enrichir est croissante, même si elle profite à d'autres qu'à eux. L'économiste Albert Hirschman nommait cela *l'effet tunnel*, par analogie avec la satisfaction que l'on éprouve, en conduisant sa voiture dans un tunnel embouteillé, à voir avancer les autres files de véhicules : un signe que ce sera bientôt notre tour.

Toutes ces observations pertinentes ne militent pas vraiment en faveur de la décroissance des revenus. Mais ce n'est pas encore la question qui nous occupe. Pour l'instant, le constat est simple : ce qui plaît aux gens dans la mesure globale de leurs revenus, c'est la promesse qu'ils pourraient augmenter prochainement. C'est sans doute sur ce point que les critiques du PIB ont échoué : en passant un temps fou à courir après l'impossible mesure de la richesse économique, ils n'ont pas vu à quel point ce qu'évalue le PIB est de toute façon très important pour les individus. Et cela, quel que soit le pays du monde dans lequel on leur pose la question.

En introduisant une conférence publique donnée à l'université d'été de l'association des Shifters (émanation du Shift Project), en juin 2023, Timothée Parrique avait fustigé les économistes qui ne cessent de lui demander : *« la décroissance, c'est combien de PIB en moins ? »* Quand le micro est passé dans la salle, après avoir rappelé que le PIB reste le meilleur indicateur de ce qu'il ne faut pas faire, je me suis empressé de lui reposer malicieusement cette même question : « *Alors, c'est combien ?* » Il a réitéré son refus de répondre, ajoutant que *« cette question du combien du PIB, je la trouve pas centrale, sauf entre économistes*[68] *»*. Les études sur l'économie du bonheur, aussi contestables soient-elles dans leurs conclusions favorables à la croissance, ont l'avantage de nous rappeler que la question des revenus est moins une question d'économistes qu'un problème presque existentiel pour tous les gens qui vivent dans des sociétés marchandes. Tant qu'on refusera de rentrer dans la décroissance par cette porte, elle ne restera qu'un vague projet politique humaniste et écologiste, certainement pas une possibilité économique.

Une chose est sûre : le niveau global des revenus d'une nation a bien un impact certain sur l'idée que les gens se font de leurs conditions d'existence. C'est pour cela que le PIB joue un rôle si important dans nos vies : sans être la cause première de notre bonheur, il nous dit quelque chose de la qualité de notre vie. Et son augmentation est un signe qui est toujours vu positivement. Nous allons voir pourquoi, et nous verrons ensuite qu'on aurait pourtant tort de se fier aveuglément à nos jugements subjectifs sur la capacité du PIB à améliorer nos existences.

Piste 2 : Le PIB mesure nos « incapabilités »

J'ai déjà évoqué rapidement la notion de « capabilité » théorisée par Amartya Sen, économiste du bien-être et philosophe de la justice sociale. Selon lui, la justice s'améliore avec la possibilité donnée à chacun équitablement de développer des *capabilités* qui sont différentes chez chacun. Un pays dans lequel un individu peut donner le meilleur de lui-même est un pays où règne une certaine forme de justice. Je voudrais reprendre sa formule pour la retourner en direction de tous les habitants des pays économiquement développés[69]. Car la marchandisation croissante des activités est un processus qui rend les gens *incapables* de faire eux-mêmes les biens et les services qu'ils produisaient avant au sein de leur économie domestique non marchande. Les populations des pays riches ont délégué au marché tout ce qu'elles ne voulaient plus faire elles-mêmes, pour de bonnes ou de mauvaises raisons. La cause principale de ce grand mouvement d'extension de la sphère marchande a été la préférence exprimée par les individus d'exercer un travail rémunérateur plus attractif que celui qui consistait à faire les choses pour soi-même. Le travail rémunéré, salarié ou indépendant, permet d'obtenir des revenus donnant la possibilité de s'acheter ce qu'on ne fait plus nous-mêmes et que le marché nous offre sous l'apparence la plus séduisante et la plus pratique possible.

Le secteur alimentaire a été le premier concerné par ce phénomène et le processus ne semble pas encore être arrivé à son terme. Pourquoi faire pousser une salade soi-même alors qu'il suffit de travailler un peu pour obtenir de quoi acheter beaucoup de salades à bon marché, et si on est prêt à en payer le prix, pour l'obtenir toute préparée dans un sachet en plastique ? La vinaigrette peut être achetée également, prête à consommer, et pourquoi pas les assiettes et les couverts jetables, si nettoyer la vaisselle est une tâche qui nous rebute. On trouve désormais des fruits tout épluchés pour les personnes qui trouveraient fastidieux de se préparer un melon ou des quartiers d'orange.

Oui, chacune de ces activités a en commun avec les autres de dispenser le consommateur d'exécuter des tâches qu'il ne veut pas faire. On notera que ce processus est particulièrement infantilisant[70], puisqu'il consiste à fournir aux consommateurs de la nourriture telle qu'elle est déposée dans l'assiette des enfants par leurs parents (mais pas telle que ces derniers l'ont trouvée sur le marché, ou dans leur potager le cas échéant). Il faut pourtant admettre que ces aliments prêts à consommer répondent à une demande très largement partagée par les consommateurs de tous les pays : déléguer au marché le soin de faire ce qu'ils n'ont pas envie de faire eux-mêmes. C'est en grande partie ce phénomène que mesure le PIB : notre envie (croissante) de ne pas faire ce qui nous rebute.

Notons que ce phénomène de délégation au marché s'autoentretient forcément dans la mesure où moins l'on fait soi-même, plus on est obligé de faire appel au marché pour se fournir en biens et services. J'ai connu une époque pas si lointaine où beaucoup de gens savaient entretenir eux-mêmes leur véhicule automobile. Désormais, par manque de temps, mais aussi par absence de savoir-faire face au développement des systèmes électroniques complexes dans les voitures, les individus ont délégué au marché le soin d'entretenir leur véhicule. Si nous comparons, à une ou deux générations d'écart, l'évolution des savoir-faire dans la population, le constat est affolant : les nouvelles générations sont démunies de toute compétence en dehors de celles requises pour faire fonctionner les produits de consommation courante. Cela entraîne un sentiment d'aliénation dont beaucoup sont conscients, et qui les pousse à tenter désespérément d'apprendre de leurs aînés (ou par des tutoriels) comment faire soi-même ce que le marché fera toujours pour moins cher ou en moins de temps qu'eux.

On pourrait certainement établir un lien entre le niveau *d'incapabilité* d'une population et son niveau de revenus. C'est un constat que les classes populaires, qui forment l'armée des domestiques au service des classes aisées, ont fait depuis longtemps. Pourquoi un riche apprendrait-il à se repasser une chemise ou à se faire cuire un œuf si le premier employé venu est en mesure de le faire à sa place contre une rémunération ? Pour ce premier cas, au moins, le revenu du riche est un indicateur de ses *incapabilités*. Les économistes diront qu'il est rationnel pour lui de se spécialiser dans les tâches dans lesquelles il est relativement le moins mauvais : puisqu'il gagne beaucoup plus d'argent en une heure de son travail de cadre supérieur, il aurait tort de ne pas déléguer à un salarié peu payé des tâches qui lui font gagner beaucoup de temps et bien plus d'argent qu'il n'en faut pour payer quelqu'un à faire à sa place les tâches du quotidien[71].

C'est exactement la même logique qui explique pourquoi les gens ne font plus leur pain eux-mêmes : il serait irrationnel d'y consacrer un temps précieux, là où 5 à 6 minutes de travail au SMIC permettent d'acheter une baguette de pain. Mais à force de ne pas faire le pain soi-même, on ne sait plus le faire. Cette compétence familiale qui se transmettait au fil des générations, dans de nombreuses sociétés, disparaît peu à peu et rares sont ceux et celles qui savent faire du pain ou des galettes. Mieux -ou pire, c'est affaire de point de vue- tout le monde se dit qu'il est impossible de faire du pain s'il n'est pas boulanger. C'est le stade suprême de l'incompétence : lorsque l'on se considère comme définitivement incapable de faire aussi bien que le système productif marchand. Car c'est souvent vrai, en vérité. En tout cas, personne ne saurait fabriquer soi-même un bien technologiquement avancé.

En résumé, le PIB donne une mesure assez précise de *tout ce que l'on est pratiquement incapables de faire nous-mêmes*. La prise de conscience de cette aliénation (c'est ainsi que Marx définissait le fait que les travailleurs sont démunis de leurs propres compétences) est de plus en plus forte et pousse de nombreux individus à tenter de se réapproprier le pouvoir sur leur existence. Mais quiconque a essayé sait que la partie est inégale : car il faut bien que l'on consacre une partie de notre temps à gagner quelques revenus pour acheter ce que l'on ne saura jamais faire. Et ce temps perdu à gagner notre vie n'est pas consacré à apprendre comment reprendre les rênes de notre existence !

Nous voici en train de comprendre ce que le PIB mesure vraiment : il « mesure » notre bonheur, mais c'est le bonheur pervers de croire que l'on maîtrise nos vies en augmentant notre pouvoir d'achat, alors que l'on s'éloigne sans cesse d'une vie où l'on maîtrisait à peu près nos existences. Il ne reste plus, pour comprendre ce que mesure véritablement le PIB, qu'à regarder le lien qui existe entre la mesure de nos revenus et notre capacité à détruire le monde. Nous saurons alors de quoi le PIB est vraiment le nom.

Piste 3 : Le PIB, mesure de notre destruction du monde

On a vu que les économistes aiment les corrélations statistiques. Malgré tous les reproches que je peux faire à cette profession, je ne fais pas exception à la règle : j'aime observer la relation qui peut exister entre des variables statistiques, depuis que j'ai été formé pour ça[72]. Ces relations chiffrées sont passionnantes à étudier car elles nous interrogent, elles mobilisent notre curiosité et notre réflexion. Certes, certaines d'entre elles ne présentent que des relations apparentes, sans qu'aucun lien logique ne relie les variables étudiées. Et lorsqu'elles semblent vraiment reliées entre elles, encore faut-il trouver le sens de la causalité : quelle variable entraîne l'autre ? La causalité est-elle réciproque ?

Par exemple, on sait que la hausse du PIB et liée au développement des pays. Mais quel phénomène est la cause de l'autre ? N'est-ce pas parce qu'un pays se développe, augmente la qualité de ses services publics et de ses infrastructures qu'il peut s'enrichir ? Mais comment se développer sans croissance du revenu national pour financer tout ça ? Voilà donc deux phénomènes économiques bien corrélés entre eux, et reliés par une causalité réciproque. Croître permet de se développer et le développement permet la croissance. On pourrait se poser la même question à propos du bonheur et des revenus : si être riche semble rendre heureux de son existence, ce bonheur n'est-il pas un atout pour mieux travailler et s'enrichir ?

Dans la partie qui vient, je vais me poser des questions plus graves. Existe-t-il un lien entre le niveau de revenus d'un pays et sa capacité à détruire son environnement ? Vous vous doutez peut-être que la réponse est positive. Ce sujet est désormais bien documenté et les résultats sont sans appel : les riches détruisent plus la planète que les pauvres. Et cela a directement à voir avec leur niveau de revenu, comme nous allons le comprendre bientôt.

Le sophisme de la vitre cassée[73]

Nous allons devoir, avant de rentrer dans le vif de ce sujet, nous débarrasser de l'un des préjugés les plus puissants sur le PIB : celui selon lequel son augmentation mesurerait la destruction des biens économiques. Car ce n'est pas une critique pertinente, comme on le sait depuis 1850.

C'est cette année-là que Frédéric Bastiat, économiste libéral qui influencera l'école autrichienne menée par Friedrich Hayek, a inventé cet apologue[t] pour critiquer les vertus supposées de l'intervention de l'État. L'histoire qu'il raconte est celle du bon bourgeois Jacques Bonhomme dont le fils a cassé une vitre. Tout son entourage le console alors, en lui faisant voir le bon côté des choses : ça fait marcher le commerce des vitriers ! Les critiques du PIB diraient que ça fait de la croissance. Comme tous les accidents, toutes les maladies et toutes les guerres, au fond. Croître ainsi sur le malheur des gens est devenu la preuve irréfutable aux yeux des décroissancistes que le PIB est vraiment un indicateur

---

[t] L'apologue n'est pas une personne qui soigne les « apo » (?), mais un petit récit visant à argumenter afin d'aboutir à une morale. La Bible en est truffée, car on en attribue plein au Christ, comme à beaucoup d'autres « sages » dans de nombreuses traditions philosophiques.

immoral. Or, cette critique est un sophisme, c'est-à-dire un raisonnement faux qui se fait passer pour juste, à savoir à la fois pour exact et pour moralement défendable.

Écoutons ce qu'en dit Frédéric Bastiat : *« Le vitrier va venir, il fera sa besogne, touchera six francs, se frottera les mains et bénira de son cœur l'enfant terrible. C'est ce qu'on voit. Mais si, par voie de déduction, on arrive à conclure, comme on le fait trop souvent, qu'il est bon qu'on casse les vitres, que cela fait circuler l'argent, qu'il en résulte un encouragement pour l'industrie en général, je suis obligé de m'écrier : halte-là ! Votre théorie s'arrête à ce qu'on voit, ne tient pas compte de ce qu'on ne voit pas*[74] *»*. Que n'a-t-on pas vu, en l'occurrence ? Que les six francs dépensés auraient pu servir à autre chose. Ils existent et auraient pu constituer le revenu de quelqu'un d'autre que le vitrier, vendeur de quelque chose qui aurait augmenté la satisfaction de Jacques Bonhomme (Bastiat évoque une nouvelle paire de chaussures ou un bon livre) au lieu de juste lui apporter une consolation.

Quelle leçon en tirer, en termes de PIB ? D'abord, que les *destructions* n'augmentent jamais le revenu national, c'est une fable. Ce sont les *réparations* qui le font. Cette partie du PIB, que James Tobin nommait les *dépenses défensives* correspond, après tout, à des utilisations utiles et légitimes de nos revenus. On remarque que c'est pour cette même raison que le PIB ne baisse pas quand les dégâts de la croissance s'accumulent, et lorsque des richesses sont détruites. Tant qu'on décide de les remplacer par d'autres, il augmente. Notons que si on ne les remplaçait pas, le PIB ne baisserait pas non plus, il resterait stable.

Mais Frédéric Bastiat va un cran plus loin dans l'analyse. Car il estime que cette hausse de la richesse ne doit pas être attribuée à « ce qu'on voit » : en effet, les six francs auraient de toute façon été dépensés par Jacques Bonhomme pour autre chose. C'est donc la décision de consacrer sa nouvelle dépense à une réparation plutôt qu'à un achat d'objet utile qui nous donne l'impression que le bris de la vitre a fait augmenter les revenus des artisans. Les revenus d'autres artisans ou d'autres commerçants auraient augmenté de toute façon, s'il n'y avait pas eu besoin de réparer le carreau cassé. De la même façon, s'il n'y avait jamais aucun malade de la pollution à soigner, aucune mer à dépolluer, pas d'accidentés de la route et leur véhicule à prendre en charge, alors les revenus qu'on leur consacre auraient certainement trouvé un autre usage et le PIB aurait augmenté d'autant. Bastiat avait raison : obsédé par ce qu'on voit, et qui heurte notre morale, on en oublie ce qu'on ne voit pas. En revanche, les déchets, qui ne sont pas une destruction de richesse économique (mais de capital naturel) augmentent bien, eux, avec le PIB.

Comment les riches produisent des déchets[75]

Si nous avons vu que le niveau de revenu est plutôt bien corrélé au niveau de bonheur déclaré, nous allons voir que la corrélation est tout aussi forte entre le revenu et le niveau de pollution. Quelques problèmes de méthode se posent quand même quand on veut étudier cette relation, car il arrive que les déchets produits ne soient pas faciles à attribuer à ceux qui en sont responsables[76].

Commençons par le lien le plus facile à établir. Les pays avec les plus forts PIB sont ceux qui produisent le plus de déchets solides. Les riches, en consommant plus que les pauvres, génèrent automatiquement plus de déchets, à commencer par leurs emballages. La moyenne européenne était de 188 kg d'emballages par personne en 2021. Mais l'Allemagne en produisait 226 kg/pers alors que la Croatie n'en affichait que 66 kg/pers. Que ces emballages soient recyclés ou pas (et de fait, le recyclage est toujours une activité productrice de nouveaux déchets), ils sont des productions proportionnelles aux revenus des habitants d'un pays, dans la mesure où la consommation augmente toujours avec le revenu des individus.

Dans le monde, les USA, dont l'habitant est en moyenne l'un des plus gros consommateurs de la planète, sont le plus gros producteur de déchets par habitant alors que les 120 millions d'Ethiopiens sont ceux qui, en moyenne, en produisent le moins. En Europe, les données disponibles donnent la corrélation illustrée par le graphique suivant.

On remarquera qu'un grand nombre de pays affiche une quantité de déchets qui tourne autour de 1500 kg par habitant et par an. Le mode de vie européen est assez homogène pour que l'on ait l'impression que chaque habitant « destine à l'abandon[77] » à peu près autant de matière que les autres. Mais la Turquie, avec un niveau de vie trois fois moins important que la France, n'a produit qu'un tiers de déchets en moins, alors que les Pays-Bas, avec un PIB/hab supérieur de 1/3 au nôtre, produisent 2/3 de plus de déchets.

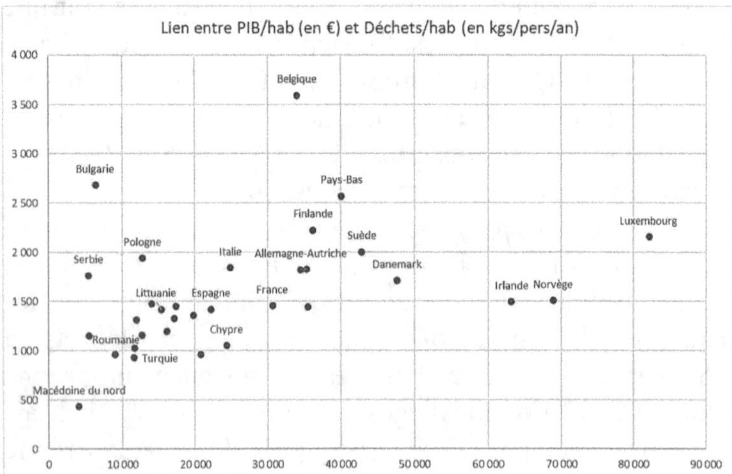

Source : données Eurostat, sur la plupart des pays d'Europe.

Car c'est moins le revenu qui compte que l'usage qu'on en fait. Dans les places financières que sont l'Irlande et le

Luxembourg, une grande partie du revenu national *n'est pas consommé* par les ménages. Inversement, à quatre exceptions près, tous les pays de l'UE dont les habitants ont un plus faible niveau de vie que les Français produisent moins de déchets par personne.

Enfin, il manque à ce type de données l'équivalent des émissions de CO2 importées. En effet, les produits consommés dans les pays riches sont souvent des produits dont la production a été un processus long et complexe : on peut alors supposer sans trop se tromper qu'elle a généré en amont de la vente bien plus de déchets, sur les lieux de production de leurs matières premières, que les produits consommés dans les pays pauvres dont beaucoup sont des produits locaux sans forte valeur ajoutée. C'est aussi le cas, en particulier, de la production affolante de résidus miniers nécessaires pour produire des métaux, ces derniers étant consommés en plus grande quantité dans les pays riches[78].

On remarquera que les habitants diplômés des pays riches sont logiquement plus sensibles que les autres à la problématique des déchets produits par leur mode de vie. Ils sont les mieux placés pour constater la quantité de produits qui « ne font que passer » chez eux et qui sont renvoyés sans attendre d'être totalement détruits (et parfois sans l'être du tout) vers des sites de traitement des déchets. Les riches savent que leurs déchets encombrent le monde, et que « les exutoires sont pleins[79] ». Il est désormais établi que ces déchets constitueront pendant de nombreuses générations à venir les preuves irréfutables de notre destruction du monde. Nous sommes entrés, selon Baptiste Monsaingeon[80], dans l'ère de la Poubellocène, expression forgée par analogie avec l'Anthropocène[81], dont la popularité est croissante.

L'Anthropocène désigne une nouvelle ère géologique en voie de reconnaissance officielle. Certes, l'Union Internationale des sciences géologiques, qui chapeaute le groupe de travail sur l'anthropocène, n'est pas du genre à modifier ses concepts majeurs sur la base de simples intuitions. Mais le dossier à charge est en voie de constitution depuis plusieurs années et il est accablant : les traces géologiques de l'activité humaine sont nombreuses et ineffaçables à moyen terme, des retombées radioactives à l'accumulation des technofossiles (plastiques, cendres industrielles, fragments de béton, d'aluminium...) et bien sûr, toutes les sortes de déchets imputrescibles accumulés par l'humanité. L'Anthropocène précoce observé dans l'analyse des sols remonte aux années 1800 mais la véritable entrée de la planète dans cette nouvelle ère géologique date du milieu du XX° siècle et des Trente glorieuses dans les pays occidentaux. L'un des plus forts symboles de la capacité des déchets à modifier définitivement notre environnement jusque dans sa structure géologique est sans doute la décharge Fresh Kills de Staten Island, dans l'État de New York. Haute de 70 mètres et contenant quelque chose comme 150 millions de tonnes d'ordures municipales, cette décharge *« pourrait être la plus grande structure d'origine humaine*[82] *»*.

Or, les facteurs explicatifs d'une telle accumulation de déchets sont, sans surprise : la consommation d'énergie, la productivité économique et la population, trois variables qui suivent de très près la hausse du PIB mondial.

Les pires déchets sont ceux qu'on ne voit pas

Tels des enfants restés au stade anal de leur développement psychologique, il ne faudrait pas que nous soyons trop fascinés et aveuglés par la seule matérialité de nos « excréments » productifs. Disons-le avec tout le regret possible : il nous faudra, et nos descendants aussi, apprendre à vivre avec ces déchets peu à peu « fossilisés » dans notre environnement. La débauche d'énergie qui serait nécessaire pour les faire disparaître produirait elle-même une telle quantité de nouveaux déchets qu'il faut à tout prix en éviter la production. En fait, une bonne compréhension des phénomènes physiques et du phénomène d'entropie permet de comprendre que la disparition de nos déchets, malgré tous les efforts que nous mettons à les cacher à nous-mêmes, est une mission impossible. Comme le dit Baptiste Monsaingeon, *il n'y a pas de dehors*, en réalité. Il n'existe pas de lieu extérieur à notre société vers lequel rejeter nos effluents inutiles. Le mot « environnement », dit Monsaingeon, en désignant ce qui nous environne, nous fait simplement oublier que nous sommes à l'intérieur de ce qui nous « environne », et que l'idée de se débarrasser de nos déchets dans un espace extérieur à la vie humaine est une pure chimère.

Et puis, de toute façon, tout déchet est destiné, s'il n'est pas imputrescible, à finir… en déchets de lui-même. *« Rien ne se crée, tout se transforme »*, le célèbre principe de Lavoisier est une vérité scientifique solidement établie. Car les déchets solides ne peuvent se dégrader que de deux façons :

- soit progressivement, en se décomposant sous l'effet de la chaleur et de l'humidité ambiante. Ils finissent alors en microparticules. Si ces déchets sont végétaux, ils peuvent émettre des gaz à effet de serre tout en se décomposant en humus. Tout se transforme.
- soit ces déchets sont brûlés volontairement dans des décharges, et le même processus s'engage, de façon simplement plus rapide. Car la façon la plus efficace de se débarrasser d'un déchet, comme tout le monde le sait, est de le brûler. Mais la combustion a pour caractéristique de produire elle-même son lot de déchets gazeux, en particulier des dioxines. Celles-ci sont définies comme *« une famille de polluants organiques persistants dans l'environnement. Elles sont produites involontairement lors des processus de combustion et s'accumulent dans la chaîne*

alimentaire. Les principales sources d'exposition sont les incinérateurs d'ordures ménagères d'ancienne génération. On les retrouve aussi dans un grand nombre de procédés de fabrication : la métallurgie du cuivre et de l'acier, le blanchiment au chlore des pâtes à papier, la production de certains herbicides et pesticides. Les dioxines sont également émises par les voitures ainsi que lors de la combustion du charbon et du bois[83] ».

L'exemple des dioxines illustre la malédiction des déchets : même en fin de vie, ils nous polluent encore l'existence. À ce propos, Corinne Lepage souligne que le choix de brûler les déchets a d'abord été un choix économique, sans préoccupation des effets sanitaires sur la « soupe atmosphérique ». Il aura fallu attendre la prise de conscience par les habitants des communes entourant l'incinérateur de Vaux-le-Pénil, début 2002, pour que les seuils d'émission soient drastiquement abaissés. *« La réglementation applicable aux incinérateurs [était jusqu'alors] l'arrêté ministériel du 25 janvier 1991. Ce texte, prévoyant les valeurs limites d'émissions des rejets dans l'atmosphère, fut par la suite remplacé par l'arrêté du 20 septembre 2002, plus contraignant et aujourd'hui toujours en vigueur*[84] *».*

De toute façon, l'utilisation de l'énergie elle-même, pour brûler des déchets ou pour produire quoi que ce soit, est productrice de déchets. Les énergies renouvelables ne font que retarder le moment où ces déchets gazeux seront produits, sans jamais les supprimer. À ce propos, la « consommation » d'énergie dont parlent les économistes[85] dans le processus de production est une pure invention. L'énergie ne « disparaît » jamais avec la production finale, contrairement à ce qu'apprennent tous les étudiants en économie : elle change juste d'état. Si c'est du bois ou du charbon, elle émet du CO_2 et produit des cendres. Si c'est du pétrole, elle émet encore plus de CO_2 et des particules fines. Les énergies que l'on désigne à tort comme renouvelables ne peuvent exister, jusqu'à présent, que grâce à des émissions fossiles préalables. Comme le dit Vincent Mignerot, *« on ne produit pas de l'énergie éolienne avec du vent »*. Car les pâles d'éoliennes et les dizaines de métaux qui constituent les systèmes complexes qui les animent sont toujours produits et transportés « à l'ancienne », dans de bons gros véhicules et engins de chantier dont les moteurs tournent grâce à la combustion du diesel.

Les seuls déchets qui ne finissent pas en déchets ultimes sont ceux qui continuent leur existence au fil des siècles sans se décomposer d'aucune façon. Une façon de dire que *ce ne sont pas* à proprement parler des déchets, mais des objets qui traversent le temps sans plus servir à personne. Les musées en sont pleins, de ces objets qu'on a bien fait d'exposer à la curiosité des amateurs d'histoire plutôt que de les jeter en décharge. Une exposition sur les Trente glorieuses faite au musée urbain Tony Garnier à Lyon en 2022 exposait de nombreux exemplaires d'objets en plastique, typiques de cette période, et qui ont marqué la mémoire collective des générations nées à cette époque[86]. Mais un millier de musées ne suffirait pas à conserver, même pour la mémoire, les milliards d'objets produits à cette époque pour être jetés. D'ailleurs, il faut noter que l'argument du jetable a été développé, en partie, par l'industrie pour répondre aux plaintes des parents qui craignaient que leurs enfants s'étouffent avec les sacs plastiques. *« Puisque ces sacs sont dangereux, jetez-les et rachetez-en d'autres »*, fut le message passé avec succès par l'industrie du plastique pour laquelle s'ouvrait alors un marché qui n'a pas encore fini de s'étendre…

Mais revenons à ces déchets qu'on ne voit pas. Ils sont de deux sortes : les microparticules métalliques ou chimiques et les émissions gazeuses. Les premières, qui serviront de marqueurs aux géologues de l'Anthropocène, poseront des problèmes croissants au fur et à mesure de leur diffusion dans les ressources naturelles que nous consommons, à commencer par l'eau. En raison des traces faibles laissées jusqu'à présent par ces nanoparticules dont certaines sont des perturbateurs endocriniens reconnus, le problème ne prend pas encore la dimension d'un scandale sanitaire mondiale. Mais on en prend tout droit le chemin[87]. On ne sait pas si les cycles naturels de l'eau seront assez puissants pour que disparaissent un jour les traces de nos pollutions microscopiques, mais bien réelles. Le fait est qu'actuellement, toutes les eaux prises à leur source, dans des « environnements » qui semblent à l'abri des pollutions urbaines, sont contaminées.

Selon Aurore Stéphant, cette diffusion massive de microparticules métalliques s'explique en grande partie par la numérisation croissante de nos activités ou par la recherche d'efficacité lumineuse des éclairages : les bonnes vieilles ampoules à fil de tungstène étaient connues pour chauffer au moins autant qu'elles éclairaient[88]. Cette perte en chaleur a été remplacée par une perte en matériaux : à l'énergie gaspillée par les ampoules à filament se sont substituées des microparticules de métaux irrécupérables : broyés, jetés ou entassés, ils finiront à leur façon par se diffuser quelque part dans nos sols. Pour ce qui est du rôle joué par les appareils numériques dans la diffusion des microparticules de minéraux divers, il n'existe presque plus aucun métal répertorié dans le fameux tableau périodique des éléments de Mendeleïev qui ne soit mobilisé pour des applications innovantes. Au début du XXe siècle, la production industrielle reposait sur une demi-douzaine de métaux courants, presque tous recyclables[u]. De nos jours, presque tous les métaux ont trouvé, en association avec

[u] Bien que la plupart n'aient pas été choisis pour ça, au départ, mais pour leur durabilité et leur inoxydabilité, selon A. Stéphant.

d'autres, une application industrielle, mais très souvent en quantité infinitésimale dans des produits à faible durée de vie. Ils finissent donc en autant de déchets microscopiques irrécupérables.

Les industriels ont une parade bien rodée pour réfuter la dangerosité de cette diffusion de particules xénobiotiques[89], ou inertes mais dangereuses : faire croire qu'il s'agit de doses si faibles qu'elles sont inoffensives, selon le vieux principe selon lequel *« la dose fait le poison »*. Or, si ce principe reste tout à fait valable pour une molécule prise isolément et en l'absence de toute autre microparticule risquant d'interagir avec elle, ce n'est pas le cas dans un monde envahi et saturé par des dizaines de milliers de molécules diverses[90]. Pire encore, en multipliant l'usage des molécules dans l'industrie, on multiplie de façon démesurée les associations susceptibles de provoquer un « effet cocktail[91] ». Car si un corps étranger, même en quantité infime, est souvent inoffensif, on a peu étudié jusqu'à très récemment la dangerosité de ces molécules combinées entre elles.

Et, pour en revenir à notre cher PIB, il est sans doute un indicateur assez fidèle de la capacité de notre industrie à multiplier de telles associations toxiques. Car elles sont toujours provoquées par des processus industriels lourds et très innovants, qui se trouvent jusqu'à présent concentrés dans les pays riches. Évidemment, il n'existe pas de corrélation statistique facilement observable entre ces deux phénomènes : cela ne veut pas dire qu'elle n'existe pas, mais juste qu'on ne peut pas la chiffrer[92]. Tant pis : nous nous rattraperons sur les émissions de CO_2.

Polluez, polluez, il en restera toujours quelque chose

Car le CO_2, aussi nocif soit-il quand il s'accumule *en excès*[93] dans l'atmosphère, a tout de même l'élégance de se laisser mesurer facilement.

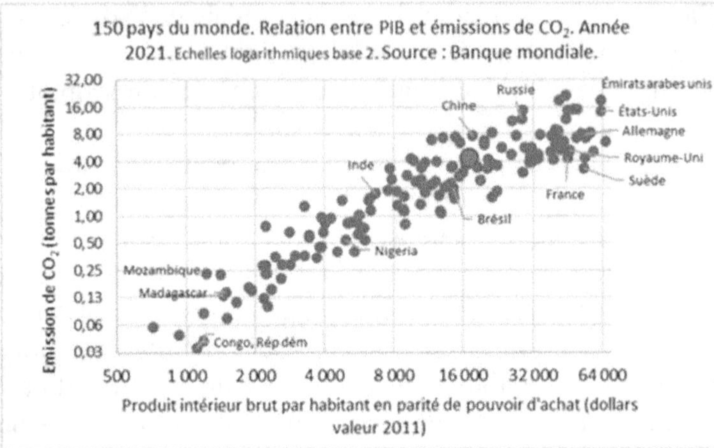

Le graphique ci-dessus[94] montre ce que donne, en 2021, le lien entre PIB national et émissions de CO_2. Le lecteur attentif (ou la lectrice, qui n'en est pas moins perspicace) aura remarqué que les deux échelles sont logarithmiques, ce qui signifie que chaque nouvelle graduation correspond à un doublement des quantités. On utilise ce genre de représentation pour les données qui augmentent trop rapidement, et qui nécessiteraient une échelle des ordonnées trop grande pour placer tous les points. Ainsi, la Chine, qui est placée deux graduations au-dessus de l'Inde pour ses émissions par habitant, en émet 4 fois plus (8 tonnes/habitant, contre 2 tonnes/hab pour l'Inde). Et les États-Unis en émettent 100 fois plus que Madagascar.

Au niveau mondial, le lien est de très grande qualité, si l'on peut s'exprimer ainsi pour une pollution aux effets potentiellement aussi dévastateurs et irréversibles. Jean-Marc Jancovici[95] suit de près cette évolution concomitante du CO_2 émis et du PIB réalisé, qui est d'une stabilité remarquable, si l'on observe les données de 1965 à 2019. Un petit décrochage semble s'amorcer depuis quelques années, mais il semble que c'est surtout dû au fait que le PIB est moins chargé en consommation d'énergie, ce qui est caractéristique des croissances spéculatives qui créent de la valeur et des revenus sans créer plus d'activités matérielles qu'auparavant.

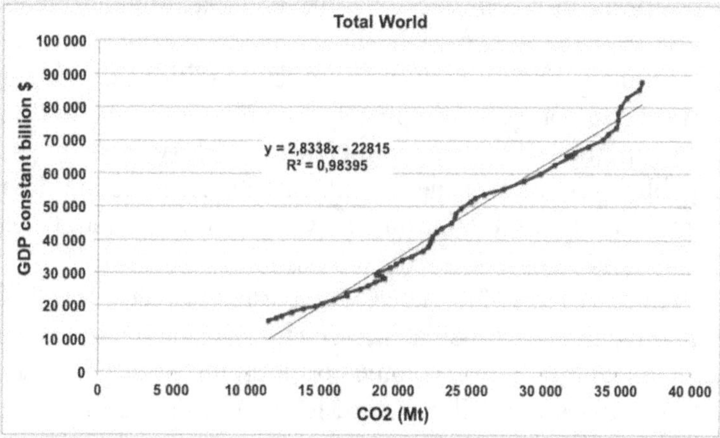

Il existe une dernière façon de mettre en évidence le lien entre les revenus et la consommation d'énergie. C'est en utilisant un outil cher aux économistes : l'élasticité de la demande d'un bien au revenu des acteurs économiques. Ce rapport entre deux variations permet de savoir de combien augmente une demande d'un produit donné quand le pouvoir d'achat des gens augmente[96]. Selon Christian Gollier, professeur à la Toulouse School of Economics, cette élasticité serait de 0,8[V], ce qui signifie que quand le revenu d'un individu double (+ 100 %), sa consommation d'énergie augmente de 80 %. Certes, il doit exister des seuils qui font que cette élasticité n'est pas la même à tous les niveaux de revenus. En particulier quand le revenu tombe à un certain niveau, si le revenu d'un individu est diminué par deux (- 50 %), il est possible que sa consommation d'énergie ne diminue pas de 40 % s'il est obligé de continuer à se chauffer ou à utiliser son véhicule personnel.

[V] Les élasticités, divisant deux évolutions en %, n'ont pas d'unité.

Mais l'idée générale est confirmée : dans tous les cas, les riches émettent plus de CO_2 que les pauvres. Ils produisent plus de déchets, qui en s'accumulant dans l'atmosphère, « détruisent la planète », pour le dire simplement. En vérité, ils abîment les conditions de vie sur la Terre, si l'on veut être précis, et ce n'est pas rien, si l'on tient compte du fait que nos sociétés complexes ne sont pas capables d'encaisser des changements majeurs de leur organisation productive à la vitesse où évoluent les phénomènes climatiques de nos jours.

Alors bien sûr, le CO_2 partage avec le PIB l'inconvénient des indicateurs-vedettes : il cache toutes les autres mesures moins connues et pourtant aussi porteuses de mauvaises nouvelles. Ainsi, les émissions de méthane, qui sont des déchets pas du tout anecdotiques de notre système de production agricole pourraient être évoquées et étudiées plus précisément. On n'aurait pas de mal à montrer que le mode d'alimentation des pays dont le PIB augmente génère beaucoup plus de méthane que celui des pays pauvres. De même avec le protoxyde d'azote, autre gaz à effet de serre (GES) émis en quantités importantes dans les pays industrialisés. Hélène Tordjman rappelle que l'agriculture industrielle des pays riches est, de très loin, plus polluante que l'agriculture paysanne des pays pauvres : cette dernière produit près des trois quarts de la nourriture mondiale sur un quart des terres cultivées, alors que l'agriculture productiviste s'acharne à épuiser les sols pour finalement ne nourrir qu'un quart de l'humanité. Et encore, 24 % seulement de ce que cette agriculture émettrice de GES produit va directement dans les assiettes des consommateurs. Le reste sert à élever les animaux que l'on surconsomme et à produire des biocarburants[97].

De toute façon, il n'y a pas de mystère : aussi sûr qu'on ne fait pas d'omelette sans casser des œufs, on ne distribue pas plus de revenus sans émettre plus de déchets gazeux.

Les rêves technosolutionnistes se réaliseront peut-être un jour, l'avenir technologique nous réservera sans doute quelques surprises, mais pas dans l'échelle de temps qui nous rapproche d'une dérive climatique si importante que les conditions mêmes d'émergence de ces innovations ne seront plus réunies. Car dans un monde à + 4° ou + 5°, la question prioritaire sera celle de concentrer tous nos moyens sur le sauvetage de la production alimentaire et la mise à l'abri des populations menacées par les températures élevées et les évènements climatiques extrêmes. Il sera trop tard pour innover. Il est trop tard depuis 50 ans, en réalité.

Produire et consommer, c'est bouffer de l'espace

La hausse des revenus provoque un autre impact délétère que je voudrais évoquer ici pour bien enfoncer le clou de la thèse principale de cet essai, à savoir que le PIB est la meilleure mesure connue de notre capacité à détruire le monde. C'est celui qu'elle provoque sur notre empreinte écologique. Bien que parfois remise en cause pour sa méthodologie de construction, assez mal connue, l'empreinte écologique traduit en surface (exprimée en hectares globaux[w] par individu) la « quantité » de terre nécessaire pour produire les ressources utilisées pour la consommation moyenne d'un individu, ainsi que pour en absorber les déchets. Cet indicateur fait une sorte de synthèse de tout l'impact produit par la consommation d'une personne sur terre et l'exprime en superficie utilisée.

On peut estimer la biocapacité de la planète en divisant le nombre d'hectares utiles à notre disposition sur terre, par le nombre total d'habitants. Cette biocapacité (qui diminue chaque année au fur et à mesure qu'on abuse des ressources nous renouvelables et qu'on remplit nos poubelles de déchets ultimes) est d'environ 1,8 hag.

---

[w] Un hectare global (hag) est une sorte d'hectare « moyen ».

Région	Cultures	Pâturages	Forêts	Pêche	Terrains bâtis	Ensemble
Monde	0,59	0,23	0,74	0,16	0,06	1,8
Afrique	0,44	0,41	0,45	0,11	0,06	1,5
Asie	0,43	0,07	0,15	0,09	0,07	0,8
Europe	0,87	0,18	1,46	0,25	0,12	2,5
Amérique latine et Caraïbes	0,82	0,82	3,45	0,30	0,08	5,5
USA et Canada	1,68	0,25	2,21	0,72	0,07	4,9
Océanie	1,22	4,32	2,81	2,72	0,06	11,1

Pour des données plus récentes, voir data.footprintnetwork.org [archive].

Dans la mesure où l'espace disponible pour les cultures et les forêts compte pour beaucoup dans cette mesure des ressources, la biocapacité est étonnamment plus élevée en Europe qu'en Afrique, mais plus élevée en Amérique qu'en Europe (et maximale en Océanie, qui cumule également des ressources de pâturages et de pêche plus élevées que partout). C'est en comparant l'empreinte écologique d'un individu ou d'une population à la biocapacité de son pays qu'on peut savoir s'il surconsomme ses ressources.

En fait, cela fait plus de 50 ans que les néomalthusiens ont montré cela. C'est avec ce genre de raisonnement qu'ils dénonçaient la surpopulation dans les pays riches à la fin des années 60. Dans *La bombe P*, du biologiste Paul Ehrlich[98], l'auteur expliquait que *« ...les pays surdéveloppés ont un problème démographique »,* ce qui va contre l'idée que l'on se fait des théories malthusiennes, qu'on imagine obsédées par la hausse exponentielle du nombre de pauvres. Son argument s'appuyait sur un raisonnement de type « empreinte écologique » car il le justifiait en disant que *« la plupart d'entre eux [les pays riches] sont surpeuplés dans la mesure où leur économie ne peut pas fonctionner en autarcie. Ils doivent importer massivement des matières premières indispensables ».* Il aurait pu, même s'il ne l'a pas fait, ajouter que nous n'avions déjà pas assez d'espace pour contenir tous les déchets solides ou gazeux que nous exportons depuis très longtemps ou que nous déversons inconsidérément dans la nature ou dans les océans.

Il est donc possible d'étudier la relation entre l'empreinte écologique et le niveau de revenu. Le graphique suivant remplace le PIB par l'indicateur de développement humain, dans lequel le PIB compte pour une grosse part.

Ce graphique nous confirme que ce sont bien les pays les plus riches qui se trouvent à droite du trait vertical représentant la biocapacité planétaire (en 2007/2008). Certes, une faible empreinte écologique peut correspondre à des niveaux de développement très différents, mais en ce qui concerne le lien avec le seul PIB, la relation est bien plus nette.

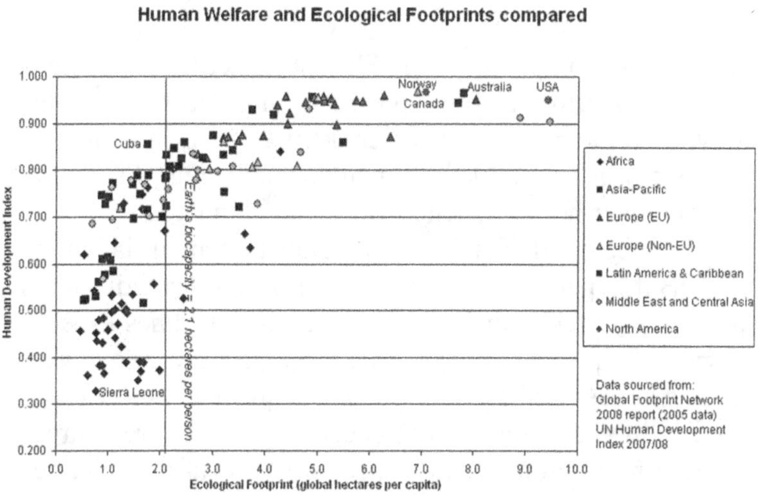

On l'observe également sur le graphique suivant. Attention : l'échelle des axes est doublement logarithmique, ce qui signifie que le PIB/pers. augmente très vite et s'accompagne d'une très forte augmentation de l'empreinte écologique des pays. Quand leur PIB/hab augmente, les pays polluent énormément plus. La hausse de leur PIB en est un témoin très fidèle. Toutes les grandes puissances ont une énorme empreinte écologique.

Corrélation Empreinte écologique / PIB, par personne

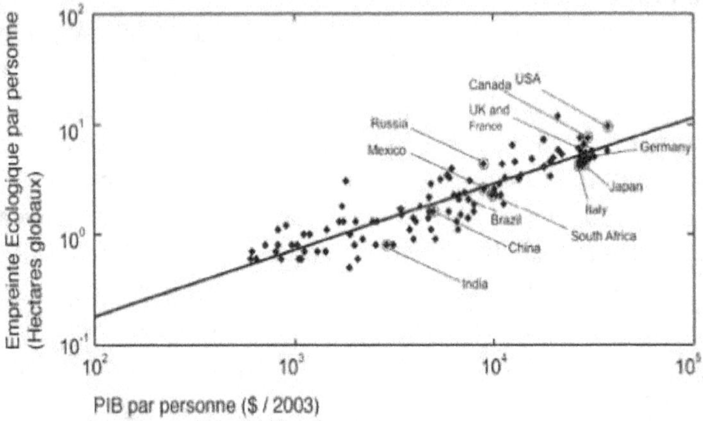

Le PIB mesure notre puissance destructrice

On aura compris que si le PIB est le meilleur indicateur de « combien on s'agite » pour produire des biens et des services (et je me garderais bien de dire : pour produire des richesses), il est *de facto* le meilleur indicateur disponible pour évaluer notre capacité à détruire la planète.

Il est certes difficile de relier statistiquement la hausse du PIB à la perte de biodiversité, en raison des indicateurs difficiles à établir mais aussi parce que certaines espèces disparaissent pour des raisons climatiques qui ne peuvent être attribuées au PIB du pays dans lequel ces espèces sont en déclin. Pourtant, notre biodiversité[99], nos ressources rares et notre climat (et quelques bricoles supplémentaires comme la santé humaine) se dégradent en proportion directe de la hausse du PIB mondial.

Soyons lucides. Hormis le PIB, *nous ne disposons pas de meilleur indicateur de ce qu'il ne faut plus faire* si nous voulons préserver la nature telle que nous l'avions trouvée sur cette planète en venant au monde. Évidemment, seuls les plus âgés d'entre nous peuvent se vanter d'avoir connu un monde peu pollué : mais à 2 % de croissance par an, il suffit désormais de 33 ans pour doubler la quantité totale de pollution de la planète, et cela va aller de plus en plus vite. En 2053, il suffira de 20 ans supplémentaires pour produire à nouveau autant de déchets que depuis l'aube de l'humanité[100] ! Si vous avez l'âge de laisser derrière vous quatre générations, la planète que vous avez connue dans votre enfance était globalement seize fois moins polluée. Et votre village, si vous êtes né dans une campagne reculée, ne l'était peut-être même pas du tout. Mais de tout ça, les témoins sont moins nombreux chaque année pour en rendre compte.

Alors, qu'allons-nous faire de ce thermomètre désespérant, de ce témoin chiffré qui mesure notre capacité à détruire le monde avec une efficacité jamais égalée dans l'histoire de l'humanité ? Je voudrais vous proposer d'en tirer la seule conclusion qui me paraisse sensée : braquer nos yeux sur le PIB *plus que nous ne l'avons jamais fait jusqu'à aujourd'hui,* et tout mettre en œuvre pour le faire diminuer méthodiquement mais inexorablement, sans plus aucun état d'âme.

INTERLUDE 3

S'amuser à décroître ?

Alors c'était donc ça, la croissance ? Simplement un grand tour de manège ?

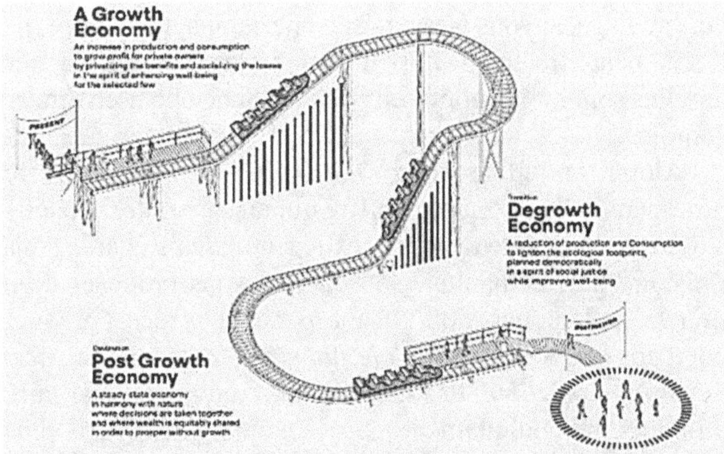

D'ordinaire, j'aime beaucoup les allégories de Timothée Parrique mais pour celle-là, je suis assez circonspect. Et ce, pour une raison économique qu'il comprendra mieux que personne d'autre.

C'est une mauvaise habitude des économistes standards de réfléchir en termes d'équilibres perturbés par des forces stabilisatrices. Lorsqu'un déséquilibre survient dans une économie de marché, c'est toujours sous l'influence d'une cause dite « exogène », un facteur perturbateur venu de l'extérieur du système. Mais pour peu que le système économique soit suffisamment proche du modèle théorique, il absorbera le choc comme une éponge et retrouvera quelque temps sa forme initiale.

C'est pour cette raison qu'aucun choc énergétique ne fera jamais sourciller les économistes. Selon eux, le système des prix réagira forcément à ce choc et créera de nouvelles incitations et innovations qui détourneront les agents économiques des sources d'énergie rares et/ou indésirables, pour les guider vers d'autres, dites de substitution. L'attrait croissant pour ces dernières entraînera, par la grâce des mécanismes bien huilés de l'économie, une baisse des prix providentielle.

Le plus contestable, dans cette façon de voir les choses, c'est l'idée selon laquelle on reviendra, après coup, au point initial : tout redeviendrait comme avant, à quelques substitutions près.

Or, Timothée Parrique semble voir les choses de la même façon. En tout cas, c'est ce que suggère le dessin qu'il propose du chemin vers la post-croissance. Car, les individus qui descendent du manège semblent simplement revenir d'un voyage amusant qui les ramène au point de départ.

Or la succession d'une forte croissance et d'une nécessaire décroissance ne sera pas une promenade de santé pour nos vieilles économies. Car ce que la croissance économique laissera derrière elle ressemblera plutôt à un champ de ruines : une biodiversité saccagée, des sols massacrés, pillés et asséchés. Mais aussi des organismes épuisés avec des cellules en prolifération anarchique et mortifère. Et enfin, un climat qui ne ressemblera plus jamais à celui qui a permis que l'on s'amuse à faire de nombreux tours de manège.

Je comprends que les enfants gâtés de la consommation appréhendent la pente inexorable de la décroissance qui nous attend. Et je comprends que leur donner un horizon qui semble être une forme de retour à la normale soit nécessaire pour les encourager à se jeter dans le vide qui nous tend les bras.

Mais il n'y aura pas de retour à la normale. Car depuis longtemps, rien n'est normal dans notre système productif.

CHAPITRE QUATRE
L'obsession pour la mesure

On l'aura compris : cet essai est certes une défense du PIB, mais une défense d'un nouveau genre. Alors que toutes les attaques qu'il subit habituellement proviennent de décroissancistes historiques, c'est au nom même de la décroissance indispensable au sauvetage des espèces vivantes et du système climatique que j'en appelle à *ne surtout pas nous dispenser* de l'usage du PIB.

Mon argument principal est de rappeler que si une boussole donne le nord, elle donne aussi la direction opposée. Et si, au nord, le voyage s'annonce dangereux, il serait idiot d'en faire le reproche à la boussole. Changeons donc de cap, et voguons, que diable ! La direction est inconnue ? Le voyage ne nous est pas familier ? Et alors ? Le plus beau, dans le voyage, n'est pas forcément la destination finale, c'est très souvent le chemin pour y parvenir.

Il nous a fallu deux ou trois générations pour nous familiariser avec la mesure de nos activités économiques et avec la somme de nos revenus. Certes, l'usage qui a été fait de cet indicateur a souvent été critiquable : mais est-ce une raison pour ne plus rien évaluer économiquement ? N'est-ce pas un caprice enfantin que de vouloir punir à tout jamais le porteur de nos mauvaises nouvelles ? Avant d'entamer le dernier chapitre de cet essai, je voudrais m'interroger sur les usages passés et futurs du PIB.

Les mille utilisations du PIB

Les critiques du PIB, on l'a dit plusieurs fois, en donnent une version si simpliste qu'elle est toujours caricaturale. C'est normal : on ne désigne pas à la vindicte populaire une victime absolument innocente qui ne mesure platement que le montant de nos revenus.

Mais comme ces revenus sont ce que l'on chérit le plus, dans le monde matériel, il faut impérativement diaboliser le PIB. C'est pour cela qu'on reproche tout et son contraire au PIB : qu'il mesure mal mais aussi qu'il ne mesure pas tout (deux reproches contradictoires : quelle importance, au fond, qu'il ne mesure pas tout puisqu'il le mesurerait mal ?) ; qu'il donne une valeur à tout, mais pas à ce qu'on aime, ou qu'il mesure encore les choses que l'on aimait quand on ne les aime plus ; qu'il augmente quand on détruit le monde, mais aussi quand on le sauve, l'instant d'après ; qu'il mesure des quantités qui n'en sont pas, mais aussi qu'il mesure des valeurs qui ne sont pas fiables, car l'unité de mesure monétaire varie au gré des prix et parce que ces derniers évoluent en suivant des mouvements très erratiques.

Essayons de raison garder. Imaginons que le PIB, avec toutes ses limites, reste le meilleur indicateur possible de la mesure de nos activités. La question est : à quoi peut bien nous servir cet outil de mesure ? Est-ce utopique d'imaginer qu'un indicateur qui nous a tant encouragés à détruire le monde puisse devenir celui-là même qui nous aidera à le préserver ?

Avant de voir comment en faire une boussole de l'allègement de notre empreinte sur le monde physique, je voudrais lister les autres rôles que peut jouer cet étalon maudit. En fait, cette liste des usages du PIB a été faite en 2013 par une équipe d'experts mandatés par le Shift Project[101], le laboratoire d'idées créé par Alain Grandjean et Jean-Marc Jancovici, qui milite activement pour la décarbonation des activités économiques[102].

Les auteurs, Pierre Lachaize et Julien Morel, distinguent trois grands types d'usages du PIB : les usages symboliques, les usages opérationnels et les usages politiques.

Les usages symboliques sont les plus connus du grand public : le PIB est l'étendard de la puissance et de la richesse des nations. Il symbolise une vision de l'économie sur laquelle l'accord est très large, et qui permet aux pays de comparer leurs performances respectives, même si c'est au prix de manipulations statistiques souvent complexes (en particulier autour des parités de pouvoir d'achat des monnaies ayant servi à la mesure de chaque PIB[103]). Comme tous les symboles, le PIB est enseigné, étudié, scruté jusque dans ses plus infimes variations : que de débats d'experts autour de variations de quelques dixièmes, voire de quelques centièmes de pourcentage par trimestre ! Plus qu'une mesure, le PIB est presque un oracle dont on guette les paroles avec ferveur.

Les usages opérationnels du PIB sont ceux qui reposent sur son utilisation dans des calculs ou des modèles économiques. Ainsi, le PIB peut servir à faire des prévisions de croissance, mais aussi à distribuer des participations ou des droits de vote dans les grandes instances internationales : au FMI ou à la Banque Mondiale, par exemple. Notons que l'autre grandeur statistique qui joue un rôle équivalent est la population nationale de chaque pays : à l'ONU, et dans les COP qui en découlent, la répartition des votes repose plus sur la démographie que sur le poids relatif de chaque PIB dans le revenu mondial. Mixant les deux grandeurs, les fonds d'aide régionaux distribués par l'UE sont directement proportionnels aux PIB/habitant de chaque région, qu'ils tentent de rapprocher progressivement. En première approximation, comme on l'a vu pour les déchets, le PIB estime assez bien un grand nombre de grandeurs physiques et économiques. C'est pour cela qu'on l'associe volontiers à la mesure de la population.

William J. Reilly[104] est l'économiste qui a le premier modélisé l'attraction entre deux centres commerciaux de deux villes différentes, sur le modèle de la loi de la gravité :

la puissance d'attraction entre les deux centres, disait-il, est directement proportionnelle au « poids » des deux villes et à l'inverse de leur distance (plus elles sont éloignées, moins elles s'attirent[x]). En économie des transports, de nombreux modèles utilisent le PIB pour évaluer ou représenter le « poids » économique d'une ville, autant que la population. Et soyons honnêtes : ça fonctionne assez bien.

Il reste **les usages politiques**. Ces derniers reposent souvent sur des usages opérationnels, qui ne sont jamais neutres. Mais ils deviennent politiques chaque fois qu'ils déterminent des objectifs à atteindre. L'exemple le plus souvent cité est celui des critères de convergence des pays membres de l'UE : il a été décidé qu'un déficit public inférieur à *l'équivalent de* 3 % du PIB deviendrait la norme au sein de la zone euro, pour assurer la convergence des économies dans la zone monétaire. La dette, quant à elle, ne devait pas dépasser *l'équivalent de* 60 % du PIB. Notez bien que les expressions « l'équivalent de » sont fondamentales : car ni le déficit budgétaire, ni la dette, ne sont des revenus et à ce titre, *ils ne font pas partie* du revenu national. Le pire usage de ces ratios consiste à prendre plusieurs données que l'on a rapportées au PIB (pour avoir juste un point de comparaison, ce qui est légitime, après tout) et qu'on additionne ensuite ces rapports : car leur somme ne fera jamais 100 %, dans la mesure où aucun n'est une partie du PIB ! C'est pourtant exactement ce qu'on fait quand on rapporte l'ensemble des prélèvements obligatoires au PIB et qu'on les additionne : le 58 % qu'on obtient n'a absolument aucun sens !

Mais justement, puisque nous étudions ici les usages politiques, en voici un bel exemple : en rapportant la somme des dépenses publiques au PIB, et en affirmant que 58 % du PIB sont prélevés par l'État, on donne au PIB la charge de porter tout le poids des dépenses publiques. Il

---

[x] Il s'agit là d'une simple application de la loi de la gravité, en économie.

suffit alors d'en appeler à la fable du PIB comme indicateur de la richesse nationale pour pouvoir s'exclamer *« Rendez-vous compte : l'État prélève presque 60 % de la richesse nationale ! »*. En réalité, il ne prélève absolument pas une telle part des revenus. La preuve ? Si vous prenez les dépenses de l'État, vous prenez une partie du PIB qui appartient à la définition du PIB en termes de demande : ça faisait 28,8 % du PIB en 2020. Le reste, tout le reste, c'est la demande des ménages et des entreprises.

En revanche, si vous prenez les revenus des retraités, c'est bien une partie du PIB, mais évaluée par la somme des revenus : le reste, tout le reste sont des salaires, des bénéfices ou des impôts sur la production. Enfin, si vous prenez les recettes publiques et que vous les rapportez toutes au PIB, vous utilisez le PIB dans son approche par la somme des valeurs ajoutées. Maintenant, si vous additionnez tout ça vous dites… n'importe quoi ! Bruno Tinel[105] propose une jolie métaphore : prenez donc une photo de votre voiture de devant, de derrière et de chaque côté. Additionnez le nombre de roues visibles sur chaque photo : votre voiture a certainement huit roues !

L'usage politique du PIB est donc le plus sujet à critique, car il est aussi le plus mauvais usage possible, celui qui pousse aux caricatures pour justifier les politiques que l'on veut mettre en œuvre.

Et cela s'aggrave terriblement quand on ne s'intéresse pas seulement au PIB, mais à sa croissance. Car c'est bien là, on l'a vu, l'objectif incontestablement assigné par tous les pays au PIB : croître encore et toujours pour que les revenus suivent. On en arrive alors à entendre ce genre d'approximations économiques comme celle servie par le président Macron en novembre 2023 à un jeune qui l'interpellait publiquement sur son inaction climatique et son obsession pour la croissance. *« Mais mon pauvre, j'espère qu'il y aura de la croissance, parce que s'il n'y a pas de croissance, on ne peut pas payer les retraites, on ne pourra pas payer l'hôpital, on ne pourra pas vous payer l'Éducation nationale*[106] *»*. L'effet d'amalgame joue à plein. Ah bon, se dit-on, la croissance paye tout ça ? Eh bien, non. La croissance peut, au mieux, payer *l'augmentation de tout ça*. Mais des choix politiques, même en l'absence de croissance, pourraient permettre de dégager les ressources nécessaires pour augmenter ces trois grands budgets. Et, rappelons-le, le PIB lui-même ne paye pas tout ça *à la fois* : car l'Éducation nationale, par exemple, sera payée par les prélèvements publics faits APRÈS que les retraites auront été distribuées et que les retraités auront payé leurs impôts !

Alors, on en fait quoi du PIB ?

Après avoir très bien décrit les usages du PIB, le rapport Lachaize-Morel fait pschitt ! Il peut toujours affirmer que *« la rénovation des usages constitue un chantier enthousiasmant »* (p.44), il n'en reste pas moins que *« la mise en place d'un système statistique alternatif, pertinent, consensuel et partagé [prendra] plusieurs décennies »*.

On se demande alors pourquoi en appeler à la construction d'un *« indicateur agrégé de puissance »* alternatif au PIB, ou à *« recenser et évaluer ce qui a réellement de la valeur aux yeux des gens »* (air connu). À quoi bon substituer aux objectifs de ratios de dépenses sur PIB, des indicateurs physiques ? Par exemple, plutôt que le rapport entre les dépenses de recherche divisées par le PIB, on peut toujours se donner un objectif en *« nombre de doctorants impliqués dans des travaux de recherche », mais* on ne fait que relancer le concours Lépine des indicateurs de richesses, qui est un leurre.

Il est sans doute temps ici de se poser un instant pour se demander si tous ces débats sur la mesure du monde sont si utiles que ça. Et si, comme nous y invite Alain Supiot dans *Le gouvernement par les nombres*, on cessait enfin de vouloir mener des politiques chiffrées qui nous contraignent et nous empêchent de faire de la vraie politique, celle dont la seule mesure pertinente est celle de l'égalité de tous ? Dans cette optique, il faudrait tout simplement jeter aux orties le PIB et ne lui souhaiter aucun successeur. Au feu, les rapports d'étape, les business plans, les cibles de vente, de profit, la comptabilité nationale et les indicateurs de toutes sortes et de tous acabits !

Il ne me faudra pas longtemps pour dire que ce rejet enfantin de la mesure du monde est une façon très romantique de voir les choses, mais qu'elle ne nous apporterait que des inquiétudes supplémentaires en nous obligeant à avancer à l'aveuglette. Les boussoles sont des outils formidables qui n'ont jamais obligé quiconque à conquérir le monde, pas plus que votre pèse-personne ne vous oblige à faire un régime. Certes, je n'ai pas, de mon côté, la naïveté de croire en la neutralité de la technique : je sais que les normes comptables sont une technique porteuse d'une certaine représentation du monde. Mais je ne crois pas qu'une comptabilité qui valoriserait mieux ce qui compte pour nous modifierait profondément la façon dont on abîme le monde qui nous entoure.

En revanche, et maintenant que nous sommes équipés de boussoles économiques plus précises que jamais, et si nous nous saisissions de la plus consensuelle, la plus simple, la plus agrégée, pour lui faire indiquer enfin la direction la plus souhaitable pour tous ? Car il existe un usage alternatif du PIB qui peut sembler évident, et qui est pourtant considéré par les auteurs du rapport Lachaize-Morel comme faisant partie d'une « *[remise] en cause du PIB par des débats globaux* » *(p.44)* qu'ils n'appellent pas de leurs vœux : c'est de l'utiliser pour le faire décroître ! Mais pas ponctuellement ou sectoriellement : définitivement et systématiquement. Voilà ce qu'on pourrait appeler un véritable usage alternatif du PIB !

Car une grande partie de ce qui augmente avec le PIB, on l'a vu, doit impérativement diminuer avec lui. Nous allons donc nous demander avec une fausse naïveté, si la décroissance ne serait pas, tout simplement, rien d'autre que la baisse de tous les indicateurs de croissance.

La décroissance, est-ce l'inverse de la croissance ?

Cette question a toutes les apparences de la simplicité, et pourtant elle est d'une grande complexité et mérite qu'on s'arrête dessus un instant. Car le sort que l'on réservera au PIB dépendra de la réponse que l'on donnera à cette question essentielle.

Même les objecteurs de croissance ne sont pas clairs sur le sujet. Car d'un côté, quelques-uns d'entre eux ne veulent pas prendre la croissance à rebours, pour ne pas priver la société des bienfaits de la hausse du PIB. D'un autre côté, ils insistent tant sur les dégâts de la croissance qu'ils sont tentés d'en prendre le contre-pied exact. Cette question s'est incarnée pendant longtemps dans un vif débat sur l'opportunité de parler ou non de *décroissance*. On sait que ce mot faisait peur précisément car il inversait la logique de croissance à laquelle les gens ordinaires associent tout de même un grand nombre de vertus. Serge Latouche et les objecteurs de croissance comme Paul Ariès s'y sont accrochés pour le poids symbolique qu'il portait : c'est justement parce qu'il fait peur qu'il peut être un mot-obus, capable de devenir une arme dans la guerre idéologique qui oppose les décroissants aux partisans de la croissance. Le fait est qu'ils ont bien fait de s'y accrocher, car c'est bien une décroissance qui nous attend au tournant.

Conscients du danger qu'il y aurait à entrer dans une logique du toujours moins, qui n'aurait pas les faveurs de grand monde, les nouveaux décroissants sociodémocrates insistent sur le fait que l'inverse de la croissance, c'est la récession : une baisse subie des revenus distribués. Ils pourraient certes dire que c'est toujours ça de moins pour la production de déchets, mais ils ne le font pas. La récession fait peur, donc il faut tenter d'inventer une décroissance qui ne soit pas une simple inversion de la croissance. D'où l'intérêt d'associer la décroissance à de multiples évolutions sociales attrayantes, même si on n'a aucune garantie qu'elles accompagnent un jour la baisse du PIB. La définition que Timothée Parrique tente d'imposer de la décroissance est la suivante : *« une réduction de la production et de la consommation pour alléger l'empreinte écologique, planifiée démocratiquement dans un esprit de justice sociale et dans le souci du bien-être*[107] *»*.

Cependant, je ne voudrais pas entrer dans une stratégie politique qui risquerait de nous pousser à utiliser une notion pour de « mauvaises » raisons, à savoir des raisons qui ne rendraient pas justice au terme choisi. Veut-on vraiment décroître quand on prône la décroissance, et que veut-on faire décroître ?

Toute la production ne peut pas décroître, ni toute la consommation : on ne parle pas de réduire le budget alimentation des ménages. De même, on ne parle pas de moins les instruire ou de moins les soigner, ni même de moins les divertir. Certes, il faudra bien faire décroître « quelque chose », pour tenir cette promesse. La solution de facilité serait de dire que l'on veut faire baisser toutes les nuisances qui accompagnaient la croissance sans faire baisser le reste. De nombreux défenseurs de la décroissance promettent un nouveau système économique qui augmenterait certaines richesses (et on en trouve certaines qui ont encore de belles marges de progression, y compris si on regarde du côté de nos relations sociales très dégradées) tout en réduisant nos nuisances (dont l'étendue est également très vaste, et pour lesquelles il n'y a que l'embarras du choix si on veut s'y attaquer). On voit bien à quel point la large définition des richesses prônée par certains décroissants est bien pratique : elle permet toujours de trouver une richesse à augmenter quand on veut réduire une nuisance.

Dans le discours sur la transition énergétique, on retrouve cette façon de justifier la réduction d'un mal nécessaire (les énergies fossiles) par la croissance d'une nouvelle richesse inédite (l'électricité renouvelable) qu'on lui substituera. Dans ce cas, comme dans les précédents, on n'assume pas vraiment le virage vers une décroissance « nette » : on propose des lots de consolation pour contrebalancer les réductions annoncées de certaines productions. Cerise sur le gâteau énergétique, la faible efficacité des fossiles, due aux déperditions de chaleur dans les systèmes thermiques, permet à certains de promettre que la réduction des fossiles sera très supérieure au coût de développement des ENR (énergies renouvelables). On est alors à deux doigts de pouvoir promettre une croissance vertueuse.

Tout ceci mène à l'accumulation (un comble, chez des partisans de la sobriété !) des qualificatifs amélioratifs de la décroissance : *frugale*, *« joyeuse, non violente, participative, résiliente, juste et soutenable*[108] », et pourquoi pas *parcimonieuse, coopérative, autonome* ou *bienveillante*. C'est comme s'il fallait, de la sorte, faire croître suffisamment de richesses sociales pour compenser la décroissance d'activités qui avaient quand même un certain charme : la publicité porteuse de rêves, les voyages dépaysants, l'accumulation d'objets attrayants, les garde-robes affriolantes, etc.

Et la décroissance des revenus, dans tout ça ?

En fait, tant que l'on tourne autour de la définition du PIB comme indicateur de richesses, et pas comme somme des revenus, on s'enlisera dans cette course pour savoir quelles richesses nouvelles pourraient augmenter et nous consoler de la perte des autres qui étaient trop gourmandes en ressources. L'idée est d'aboutir à une évolution globale qui, dans le meilleur des cas, ne serait pas vraiment une décroissance mais, pourquoi pas, une sorte d'état stationnaire à un niveau satisfaisant, comme le promet la notion de post-croissance. Ça se complique très sérieusement dès qu'on revient à la vérité du PIB : faut-il aller jusqu'à faire baisser les revenus ? La question est même si déplaisante à aborder[109] qu'on soupçonnerait presque les interminables débats sur les richesses de servir à dissimuler le véritable fond du problème. Il est à peu près certain que tant que la critique de la croissance n'affrontera pas avec franchise cette question essentielle, elle restera au niveau où elle se tient actuellement : dans l'espace des vagues promesses socialistes pour des lendemains qui chantent.

Et là encore, la tentation de la compensation est très forte. La réponse la plus fréquente concernant la baisse probable des revenus dans un monde décroissant est toujours : *« Oui, ils doivent baisser chez beaucoup de gens, mais pas forcément pour tous »*. Ouf, nous voilà rassurés : peut-être pourrons-nous passer à travers les mailles de la réduction globale des revenus. Mais alors, pour qui, la baisse ? *« Eh bien, pour les super riches, avant tout »*. Re-ouf, ce n'est toujours pas moi. *« Et pour les gros pollueurs, bien sûr, qui sont souvent les mêmes »*. Re-re-ouf, je ne suis toujours pas concerné. Commence alors l'énumération de tous ceux qui pourront voir augmenter leurs revenus : en premier lieu ceux qui œuvrent à préserver le monde vivant et à décarboner la production énergétique. En fait, on parle bien de décroissance des revenus, mais la messe est dite : *on ne veut pas les voir baisser pour les activités vertueuses*, et les efforts qu'on est prêts à faire pour diminuer celles qui contribuent notoirement à la destruction du monde doivent être impérativement contrebalancés par la hausse de toutes les activités identifiées comme celles qui produisent des richesses joyeuses, conviviales, soutenables, etc.

Cette grande confusion ressort très nettement dans l'ouvrage de Timothée Parrique. Page 191, on lit à quelques lignes d'écart : *« La baisse du PIB n'est pas un objectif... réduire la production par la décroissance ne veut en aucun cas dire s'appauvrir... cependant, l'effet net sur le PIB du redéploiement des forces productives doit*[y] *être négatif »*. En gros, on ne veut pas y aller, mais il faut y aller quand même. Et comme on voit bien que notre brave économiste décroissant cherche à maintenir un cap un peu intenable, la promesse est lâchée sans tarder : on va augmenter *« la valeur ajoutée sociale et écologique, par exemple grâce à la hausse du temps libre et grâce à l'amélioration des services systémiques »*. Passons sur le fait qu'on ne voit pas comment une économie qui réduit radicalement son approvisionnement énergétique pourrait permettre à ses actifs d'avoir plus de temps libre (voir chapitre suivant).

Mais surtout, on voit bien à quoi sert vraiment cette recherche d'indicateurs alternatifs au PIB : à offrir quelque chose qui fait plaisir à augmenter quand on diminue tout le reste ! Il n'est pas impossible d'évaluer une telle valeur ajoutée sociale, par exemple avec l'indicateur de santé sociale (ISS) promu et développé par Florence Jany-Catrice[110]. Mais une fois qu'on aura réussi à le faire augmenter, qu'aura-t-on dit sur la décroissance des activités destructrices des ressources rares, du climat et de la biodiversité ? Absolument rien.

Nous voici donc en mesure de mener une comparaison entre ce qui pourrait augmenter et ce qui pourrait diminuer en période de croissance et de décroissance du PIB. J'ai indiqué dans le tableau ce que l'on ne veut plus voir croître, dans la colonne croissance, et ce que l'on ne voudrait pas voir décroître dans une société de décroissance. On comprend bien à quel point il s'agit d'une balance, car les

---

[y] C'est moi qui souligne.

nuisances qu'on veut voir décroître entraîneront dans leur baisse tous les bienfaits que l'on tirait de la croissance.

CROISSANCE *(en gris : ce que l'on ne voudrait pas voir croître)*	**DÉCROISSANCE** *(en gris : ce qu'on ne voudrait pas voir décroître)*
CONFORT MATÉRIEL	CONFORT MATÉRIEL
DÉCHETS GAZEUX	DÉCHETS GAZEUX
DÉCHETS SOLIDES	DÉCHETS SOLIDES
INNOVATIONS TECHNOLOGIQUES	INNOVATIONS TECHNOLOGIQUES
LOISIRS	LOISIRS
MICROPARTICULES	MICROPARTICULES
OBJETS DE CONSOMMATION	OBJETS DE CONSOMMATION
PRODUCTIVITÉ	PRODUCTIVITÉ
REVENUS	REVENUS
TEMPÉRATURES MOYENNES	TEMPÉRATURES MOYENNES
TEMPS DE TRAVAIL	TEMPS DE TRAVAIL

Par un tour de passe-passe théorique dont je dois avouer qu'il a été rondement mené, la décroissance est désormais présentée comme un processus qui permettrait de « découpler » la croissance de ses nuisances, ou au minimum comme permettant d'augmenter d'autres bienfaits sans entraîner, avec la réduction planifiée de la production et de la consommation, ce qui y est économiquement lié. Pour mériter le qualificatif de décroissant, un système productif doit être *planifié* pour augmenter de nombreuses richesses sociales. Parrique aime ainsi comparer la décroissance à un régime volontaire organisé par la société, qu'il ne faudrait pas confondre avec une amputation, au prétexte que les deux font perdre du poids.

Compte tenu de la difficulté que les gens ont à l'idée d'envisager une baisse de leurs revenus (qu'ils ne planifieront pas de sitôt, à mon humble avis), je comparerais plutôt la décroissance avec une sorte *d'amputation choisie*. La puissance de cet oxymore révèle l'impasse du projet, lorsqu'on le présente dans sa vérité nue. D'où la nécessité d'aller chercher tous azimuts des compensations pour faire passer les pilules que la décroissance demandera d'avaler.

Pourtant, on ne peut pas prôner la décroissance sans assumer une politique de baisse progressive des revenus, pour les raisons que nous avons vues précédemment, à savoir qu'ils sont l'indicateur le plus fiable de la destruction de notre environnement, en raison de l'usage qu'on en fait (on les dépense). Certes, les revenus rencontrent une limite à la baisse, alors qu'ils n'en avaient pas à la hausse. Par conséquent, cette baisse devra connaître une fin. Mais c'est une question qu'il sera sage de ne se poser que quand on aura commencé : car si on se la pose avant, on ne commencera jamais !

Il n'en reste pas moins que nos sociétés savent comment qualifier les périodes pendant lesquelles décroît ce qui est indiqué dans le tableau : ce sont des récessions, pourquoi le cacher ? Celle de 2020, liée aux confinements répétés, nous confirme que la décroissance n'est pas une promenade de santé sociale. Mais elle nous apprend également que l'État est loin d'être vraiment démuni pour accompagner les gens dans une situation d'arrêt aussi brutal des activités, et qu'il peut empêcher un délitement total de la société dans une situation identique.

Il nous reste à réfléchir à ce que pourrait être une vraie *société de décroissance des revenus*, qui serait assumée socialement et, pourquoi pas, planifiée démocratiquement. Car nous nous demanderons alors : et si ce n'était pas si dramatique que ça, de faire baisser le PIB ?

INTERLUDE 4

Ces indicateurs inutilisables…

L'organisation Transparency International a établi un index de transparence (CPI) qui classe l'ensemble des pays du monde. Cet indicateur s'étend sur une échelle de 0 à 100 : au niveau 0, le pays n'a aucune transparence et au niveau 100 la transparence est absolue. En anglais : « 100 is very clean and 0 is highly corrupt ».

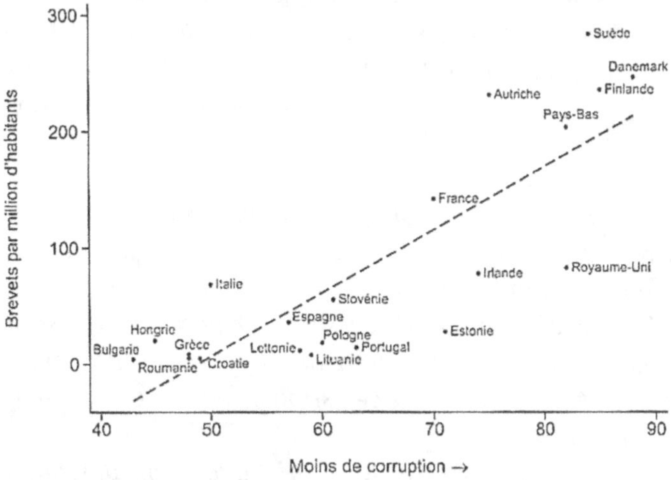

Figure 15.1. Relation entre corruption et innovation.
Sources : Transparency International, OCDE et Eurostat.

Les théoriciens de la croissance endogène sont convaincus que la qualité des institutions d'un pays joue un rôle majeur dans l'émergence du progrès technique. Bien décidé à le démontrer empiriquement, Philippe Aghion a corrélé l'index CPI avec le nombre de brevets par million d'habitants dans chaque pays.

Et ça marche ! La corrélation est assez bonne. J'ai donc demandé à mes élèves de la commenter. Dans la confiance aveugle que je faisais à notre éminent professeur au collège de France, j'ai repris tel quel le graphique avec lequel il présentait cette relation intéressante.

Mes élèves sont familiers de ces indices quantitatifs qui mesurent des variables qualitatives avec des méthodologies inconnues. Je leur demande toujours d'accepter l'existence de ces indicateurs dont ils sont, tout autant que moi, incapables de critiquer la pertinence. Ici, on a affaire au travail d'une ONG respectable, repris par un économiste qui ne l'est pas moins : on pouvait travailler en toute sérénité.

Mais voilà qu'Aghion lui-même s'est laissé aveugler par le nom anglais de cet index de transparence : Corruption Perceptions Index. Si vous jetez un œil sur le graphique, ça ne fonctionne plus du tout : comment est-ce possible, m'ont rapidement demandé mes élèves déstabilisés, qu'un indice augmente quand ce qu'il mesure décroît ?

Au moment où ils m'ont posé la question, je n'avais pas moi-même fait attention à ce détail méthodologique. Je leur ai donc demandé une fois de plus de suspendre leur incrédulité, c'est-à-dire de cesser de se poser des questions auxquelles ils ne peuvent pas avoir de réponses. Il y a moins de corruption quand l'indice est plus élevé. « C'est comme ça et pas autrement »...

Quoi qu'on en pense, les statistiques sont des alliées précieuses pour décrire nos sociétés. Encore faut-il savoir ce qu'on fabrique avec. Un économiste de passage a sans doute expliqué à l'ONG que l'inverse de la corruption ressentie, c'est la transparence. Une vertu que les économistes attachent aux marchés concurrentiels. Ce sera tout de même plus sympa, a-t-il dû ajouter avec conviction, de viser la croissance d'un indicateur que sa décroissance.

Et c'est ainsi qu'un indicateur de la perception que des experts et des hommes d'affaires se font de la corruption devient, quand on l'inverse, un indicateur de transparence.

Mais qui saurait dire ce que l'on mesure vraiment ici ?

CHAPITRE CINQ
Faire baisser la température, d'urgence !

Un proverbe tibétain, que Machiavel connaissait peut-être, affirme que si tu ne peux pas te débarrasser de ton ennemi, il faut songer à l'embrasser. Voici la stratégie que je propose pour le PIB. Cet indicateur est trop ancré dans nos existences pour que nous ayons le temps de mettre en place une mesure alternative de nos activités économiques, d'une puissance comparable. Nous avons vu que, si l'on cesse de lui faire le mauvais procès de mal mesurer la richesse, le PIB est une mesure fiable de l'intensité avec laquelle nous travaillons à transformer le monde et de la quantité de dégâts que nous provoquons en le faisant. Si préserver cet « environnement » dont nous comprenons de plus en plus à quel point nous sommes parties prenantes est un objectif qui compte pour nous, il existe un but que nous pouvons nous donner du jour au lendemain : alléger la pression en réduisant le PIB.

Comme vous ne m'avez pas lu en diagonale et que vous êtes vif d'esprit[z], vous avez compris immédiatement l'écueil qui va se placer en travers de notre route si nous empruntons une telle direction : baisser le PIB, ça voudrait donc dire… ? Non… ? Vous êtes sûr… ?

Oser réduire les revenus

Allez, on souffle, on se détend, tout devrait bien se passer. Il existe de nombreux arguments pour considérer que la situation serait assez grave, certes, car inédite dans l'histoire de notre système productif, mais qu'elle ne serait pas forcément dramatique. Nous allons essayer de voir pourquoi.

---

[z] C'est ma plus vieille ruse pédagogique : flatter mon auditoire pour le rendre plus intelligent. Ou pour qu'il prolonge l'effort de me suivre…

Le premier argument pour se rassurer est de supposer que *tous les revenus* n'ont aucune raison de baisser, et surtout pas de disparaître. Il reste valorisant d'exercer une activité marchande, et *« le vieil Adam qui sommeille en nous »*, comme disait Keynes[111] a besoin qu'on lui fasse gagner son pain à la sueur de son front. Donc : que ceux qui veulent aller au charbon, y aillent, on ne manquera pas d'activités dans un monde décroissant. En effet, le simple fait de se priver de tout ce qui fonctionne aux énergies fossiles, en supposant que la transition vers un monde productif tout électrique est au mieux un chantier titanesque, au pire une vaste blague, nous obligera à travailler à l'ancienne[112]. Le métier d'agriculteur a de beaux jours devant lui, surtout si on en profite pour cesser d'utiliser tous les pesticides et les engrais fabriqués avec des résidus de distillation du pétrole. Si on envisage une production agricole future débarrassée du pétrole, il faudra des bras dans les champs et dans les vergers. Et on aura de quoi les payer, tant que les gens auront envie de s'acheter à manger pour ne pas tout faire eux-mêmes[113].

Mais dans un monde décroissant, il faudrait poser quelques conditions pour qu'une activité productive soit éligible à l'autorisation d'exercer.

Précisons au passage que ceux qui s'étranglent déjà à la lecture de la phrase précédente ne voient en général rien d'extraordinaire à ce qu'un marchand d'esclaves n'ait pas le droit d'exercer son activité sous nos latitudes, pas plus qu'un bourreau, un arracheur de dents, un mercenaire ou un trafiquant de drogue dure. Les interdictions d'exercer sont déjà nombreuses, dans nos démocraties libérales. Et certains pensent même qu'on pourrait étendre le domaine des interdits à des activités dont l'impact social est assez délétère, que ce soit la production et la diffusion de vidéos pornographiques qui mettent en scène des actes subis par des femmes qui ne sont pas aussi souvent consentantes qu'on le raconte dans ce milieu, ou la fabrication des armes dont la responsabilité dans l'expansion des meurtres de masse n'est plus à démontrer.

Quelles sont donc les activités dont nous devrions nous passer ? Dans *Sale temps pour l'économie marchande*, j'avais esquissé une théorie de l'Oignon, comme une réponse alimentaire au Donut promu par Kate Raworth. La croissance de nos PIB s'est en effet appuyée en très grande partie sur une extension constante des activités de services liées à la production de marchandises divertissantes : pour produire plus de marchandises, il a fallu de plus en plus de concepteurs de produits, de plus en plus de publicitaires, mais aussi de plus en plus de juristes (à ce propos, l'explosion du e-commerce est un cas d'école, tant il pose de questions juridiques nouvelles), de plus en plus de formateurs pour que tous ces gens-là existent, de plus en plus de consultants pour nous dire si on va bien dans la bonne direction, et aussi de plus en plus de transporteurs pour que ces producteurs de services aillent bosser le matin, et de restaurateurs pour qu'ils aient droit à une pause méridienne.

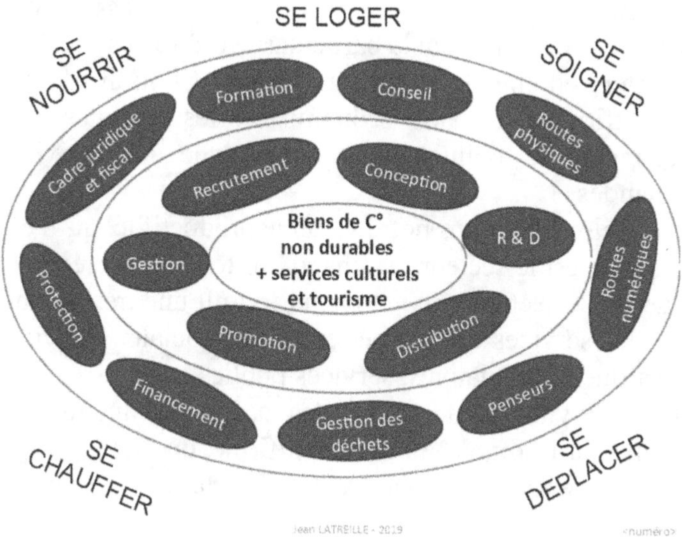

Le problème, c'est que les activités essentielles qui auraient dû être au cœur de l'oignon ont été progressivement repoussées à l'extérieur. Si elles y revenaient et qu'on se débarrassait d'une grande partie de la production marchande superflue, un grand nombre de services disparaîtraient.

Suis-je en train d'assassiner toutes les activités de services ? Pas du tout. Cependant, il reste intéressant, finalement, de voir que nous sommes à deux doigts de boucler une boucle et de revenir sur ce que les premiers économistes estimaient être la véritable production de richesses. Pour cela, il faudra nous attaquer aux quatre cercles de l'enfer productiviste : la marchandisation, la concurrence, la productivité et les innovations.

La marchandisation, premier cercle de l'enfer productiviste

Quel problème posent les activités de services que j'évoque : elles sont absolument toutes au service d'une croissance de la production marchande. Pourtant, elles sont assez facilement remplaçables par des productions non marchandes. Or, ces dernières ne sont pas juste des activités non monétaires. Elles ont la particularité d'être des activités qui portent en elles leurs propres limites. Contrairement à ce qu'affirment certains économistes, les activités non marchandes ne polluent pas autant que les activités marchandes.

Rappelons que dans notre système productif tel qu'il est organisé, c'est le secteur marchand qui fournit des revenus aux gens. Le secteur non marchand fournit une très grande partie des services qui permettent la vie sociale : activités domestiques, associatives, services publics, etc.

Ces activités sont essentielles à la « production de l'homme par l'homme ». Parrique affirme, on l'a vu, que la croissance des activités marchandes s'est faite au détriment du secteur non marchand : c'est ce que les économistes nomment la marchandisation de la production.

Au point que la branche des activités marchandes, ajoute-t-il, n'a pu pousser qu'en se greffant sur le tronc des activités non marchandes, et menace de faire s'écrouler l'arbre sous son propre poids, n'étant plus soutenue par des services non marchands suffisants. Il faut donc, et je l'approuve, réduire le champ des activités marchandes au profit des activités non marchandes, ce qui préservera les ressources abondamment consommées par la production marchande.

Certes, celui qui va en taxi à l'aéroport (activité marchande) émet autant de CO2 et de microparticules que celui qui est accompagné par un ami (activité non marchande). S'il s'avère qu'il est équivalent, en termes d'usage des ressources, de produire de façon marchande ou non marchande, on peut tout de même affirmer que la production non marchande est globalement moins destructrice de ressources. En effet, l'histoire a montré que la marchandisation des activités non marchandes a été l'un des moteurs les plus puissants de la croissance des Trente glorieuses. Et cette « expérience » prouve deux choses :

1/le marché ne rend jamais à l'identique les mêmes services que le secteur non marchand. Il en fait beaucoup plus, en raison, paradoxalement, de l'efficacité avec laquelle il rend ces services. En raison d'un effet rebond au sens large, tous les revenus économisés à « faire faire » par le marché ce qui était fait auparavant par les individus, retournent au marché et augmentent la quantité globale de biens et services consommés.

2/C'est bien la marchandisation de nos sociétés qui a fait exploser les émissions de GES et la production des multiples déchets connexes à la production. Preuve qu'une société non marchande, en raison même de son inefficacité, est bien plus économe en ressources. Car elle ne produit jamais « la même chose » en version monétaire. Elle produit structurellement moins.

Essayons de comprendre ce qu'il y aurait à gagner en démarchandisant le monde marchand, c'est-à-dire en rendant aux activités domestiques tout ce que le marché s'est progressivement approprié, pour compenser la montée croissante de nos *incapabilités*.

On pourrait, pour commencer très simplement, inciter les gens à planter plus de légumes dans leur potager ou à faire plus de confitures. Y compris en achetant quelques fournitures nécessaires à la bonne réalisation de leur production non marchande. Car la nature même d'une telle production est de *ne jamais croître*. Une fois que toute votre famille, nos amis et vos voisins ont profité de votre générosité agricole, vous cessez d'agrandir la surface de vos plantations. J'insiste : vous cessez définitivement, vous n'irez pas plus loin. Mieux, si un voisin décide de vous faire profiter de ses excédents de carottes et de navets, sans doute pourrez-vous *réduire* un peu votre production de pommes de terre. Mieux encore : plus vos activités non marchandes se développeront, plus décroîtront celles de la grande surface voisine qui emballe beaucoup plus que vous ses propres produits (puisqu'elle emballe même par palettes entières des produits déjà emballés).

On ne comprend rien à la distinction entre marchand et non marchand si on n'en fait qu'une différence entre activité lucrative et non lucrative. La différence majeure entre le secteur marchand et le secteur non marchand est que ce dernier se calibre toujours spontanément sur les besoins exprimés, jamais au-delà. On n'a jamais vu un gouvernement construire des écoles « en trop » parce que cela ferait plaisir aux électeurs et améliorerait la popularité des élus. On pourrait dire que c'est parce que les contribuables ont conscience qu'ils paieront la note à la fin, mais c'est faux. Car c'est bien ce que font aussi les consommateurs quand on leur propose une multitude de produits innovants. Mais la force du système marchand, on le sait depuis John K. Galbraith[114], est de *produire les besoins* en même temps que *les produits*. Et d'arriver à les produire en quantité croissante. De plus, les producteurs marchands sont inexorablement poussés à faire croître leurs activités, en raison de deux mécanismes que le secteur non marchand ne subit pas avec la même force : le remboursement des dettes engendrées auprès des investisseurs initiaux et la concurrence interentreprises.

On sait comment les grands investisseurs ont mis le grappin sur un grand nombre d'activités : en prêtant avec une générosité feinte aux entrepreneurs désireux de s'installer. Ainsi des boulangers : moyennant un endettement sur plusieurs années, ils se font payer (en fait, ils achètent à crédit) un fonds de commerce et même parfois un contrat d'engagement pour l'achat d'une franchise et des matières premières auprès d'une grande minoterie industrielle, dont les noms surplombent les échoppes des boulangeries de tous nos villages. Idem pour les lunettiers, les taxis, les dentistes, même, et bien sûr les agriculteurs. Endetter, c'est soumettre, c'est vassaliser, comme l'a très bien montré Davis Graeber. *« Débiteur et créancier se font face comme un paysan et un seigneur féodal. La loi de ce dernier s'impose. (...) C'est ce qui rend si difficiles et si douloureuses les situations où la dette est de fait impossible à payer »*. Il en déduit que *« tout comme un criminel a une dette à l'égard de la société, un débiteur est toujours une sorte de criminel »*[115]. C'est vrai de nos jours, plus que jamais. Un producteur non marchand n'est pas tenu de s'endetter. Le faire serait une folie. Le modèle de la coopérative, qui réunit les fonds d'un groupe d'associés producteurs, suffit largement au développement de leur activité[116]. Mais c'est là qu'intervient le deuxième mécanisme pervertisseur des activités : la concurrence.

La concurrence, deuxième cercle de l'enfer productiviste

La concurrence est sans doute le mécanisme le plus néfaste de toute la mécanique productiviste. Elle est un pousse-au-crime. Car elle repose sur l'idée qu'en étant plus efficace, on va améliorer ses profits. On va le faire en réduisant les coûts de production, donc en baissant le prix des produits vendus. Et tous ces bienfaits apportés aux entreprises et aux consommateurs s'appuient sur ce qui est considéré comme l'une des plus grandes qualités humaines : la propension au progrès. Comment lutter ?

Il faut tout d'abord rappeler le bilan entrepreneurial désastreux de la concurrence débridée (ou même simplement encouragée par la politique européenne telle qu'elle existe). Cette politique ne laisse aucune chance à une entreprise qui ne compresserait pas ses coûts au maximum. Car si elle s'en dispense, elle peut être assurée que ses concurrents le feront. Or, rappelons qu'il y a beaucoup de coûts sur lesquels un producteur ne pas peut vraiment agir : ses charges immobilières, ses amortissements sur les machines, ses frais bancaires ou ses prélèvements sociaux. Finalement, il ne reste jamais que deux postes qui « trinquent » : les dépenses en personnel et les achats de consommations intermédiaires (les fournitures et autres matières premières). Or, il est à peu près inévitable que la qualité des biens et produits se ressente d'une baisse trop prononcée de ces dépenses en ressources humaines et matérielles. La qualité finale est toujours la victime collatérale d'une recherche de baisse de coûts : les produits perdent progressivement en qualité, en durabilité, et en quantité de services associés (en particulier le service après-vente et la réparabilité, qui ont presque disparu, de façon tout à fait logique).

On trouvera toujours un amoureux des évolutions technologiques pour vanter la qualité indéniablement croissante des nouveaux produits : nos smartphones ne sont-ils pas de petits bijoux technologiques ? Leur qualité n'est-elle pas incomparable, à côté des vieux matériels qu'ils ont remplacés (caméscopes, enregistreurs à bande, appareils photo...) ? Et s'ils ont perdu quelques fonctionnalités, ils en ont gagné tellement en plus, accompagnées par une miniaturisation si spectaculaire que tout tient dans la paume d'une main.

Certes, mais je l'ai dit : rien n'est réparable. Tout est fait pour être jeté et remplacé. Car tout est fragile, et si peu cher à produire que le produit est destiné à devenir un déchet, au plus tard le jour où une nouvelle génération de produits rendra les précédents incompatibles. Le gaspillage phénoménal des matériaux métalliques qui constituent ces appareils est le résultat direct du processus de concurrence qui oblige les entreprises de ce secteur à innover sans cesse.

Et puis soulignons que l'ensemble des produits de grande consommation ne se réduisent pas au smartphone. Les produits du secteur vestimentaire subissent le même processus de dégradation accélérée. Les prix baissent, certes, accompagnant la hausse de la consommation, mais la qualité baisse de façon inéluctable : qu'importe d'ailleurs, puisque cette perte de qualité est elle-même un facteur de soutien de l'activité. Vendre des produits sans qualité durable est la meilleure façon d'empêcher le marché d'arriver à maturité.

Parmi les défauts constitutifs de la concurrence, il faut également citer l'effet rebond[117], que j'ai déjà largement analysé dans mes précédents ouvrages. On peut en rappeler le principe général : à chaque fois qu'une activité gagne en efficacité, celle-ci dégage des revenus qui sont consacrés à la consommation d'autres biens ou services. La société n'est jamais entrée dans la voie de la frugalité[aa] par le biais

---

[aa] La *frugalité* est le fait de se priver d'un bien ou d'un service donné alors que la *sobriété* est le fait d'en consommer moins (T. Parrique)

de l'efficacité productive. Les partisans du marché le savent bien : parmi les actions de la Commission européenne allant dans ce sens, on trouve l'objectif de *« veiller au respect des règles de la concurrence pour améliorer le bien-être des consommateurs*[118] ». De quel bien-être parle-t-on ? Tout simplement (et presque uniquement) du fait de leur permettre de consommer plus de biens et services de moins en moins chers.

C'est un comble ! s'exclameront certains lecteurs inquiets. Non seulement l'auteur de cet essai prône la réduction des revenus, mais il veut de surcroît empêcher le seul mécanisme qui permettrait, malgré cette baisse, qu'augmente ou que soit préservé le pouvoir d'achat des ménages. Supprimer les règles de concurrence, tout en baissant les revenus, ce serait la double peine pour les consommateurs. En fait, si on regarde de plus près, il se peut que l'affaire ne soit pas si mauvaise pour les consommateurs du monde décroissant.

Car la fin de la concurrence signerait la fin de la recherche excessive de productivité. On peut tout à fait imaginer un monde dans lequel les consommateurs choisissent leur fournisseur sur la base de la qualité de ses produits et pas sur celle de leur prix. Je ne perds pas de vue que si les revenus baissent, il y a peu de chance que les consommateurs regardent moins les prix qu'auparavant. Mais quand toutes les entreprises auront compris que leur produit ne peut pas voir son prix baisser excessivement, on arrivera à un stade où les consommateurs rechercheront, parmi tous ces produits à prix relativement élevés (relativement à leur équivalent dans le monde concurrentiel) celui qui est susceptible de durer le plus longtemps. L'absence de concurrence par les prix n'annulera pas la tendance des entreprises à chercher à attirer leur clientèle d'une façon ou d'une autre. En outre, le remplacement de la concurrence par les prix par la concurrence en termes de qualité et de durabilité aurait un impact énorme sur la production de déchets, comme on s'en doute.

Évidemment, il faudrait que tout le monde joue le jeu. Qu'un seul entrepreneur joue au passager clandestin et propose des produits extrêmement bon marché, même si légèrement moins durables, et tout le système s'effondrera. L'État aura son rôle à jouer dans cette concurrence par la qualité. Je ne vais pas me lancer dans une caractérisation des modalités de l'action publique mais les moyens sont bien connus et sont les mêmes que dans le monde productiviste : l'État peut utiliser l'arme fiscale ou l'arme réglementaire, voire combiner les deux. Quand on voit la puissance avec laquelle les autorités de la concurrence européennes ont exercé leur mandat au détriment du bien-être des consommateurs et de l'environnement, on a encore de quoi espérer dans une action volontariste au service des ressources rares et de la qualité des produits, si le mandat venait à changer[119].

La productivité, troisième cercle de l'enfer productiviste

La productivité est un savant mélange d'efficacité (faire bien les choses) et d'efficience (faire les bonnes choses). C'est pourtant le pire poison qu'ait jamais porté le système économique. Car les adjectifs « bien » et « bonnes » ne concernent que les producteurs, et pas le reste de la société. Faire les « bonnes » choses signifie « faire celles qui rapportent » et « bien les faire » veut dire « les faire le moins cher possible ».

Il arrive que l'on reproche aux multinationales de profiter de leur position dominante pour vendre le plus cher possible : je pense que c'est un mauvais procès. Au regard des coûts engendrés par les déchets émanant de la production de masse, CO2 compris, les prix sont toujours bien trop faibles. Que l'on évalue les dommages dus à la production par des externalités négatives ou par les nuisances sociales (en particulier sur la main d'œuvre) et environnementales, la recherche de production à moindre coût est une agression caractérisée envers la société et les systèmes vivants.

Que les producteurs se défaussent sur les consommateurs attirés par les prix les plus bas est une belle hypocrisie. La logique concurrentielle est faite pour s'assurer qu'aucun producteur ne cherche vraiment à produire plus cher, sauf à offrir un produit plus complexe !

Or, la recherche de productivité n'implique jamais que « bien faire les choses » signifierait les faire « de bonne qualité ». De nombreuses techniques de vente sont même faites pour faire passer des vessies pour des lanternes, et des biens fragiles et rapidement obsolètes pour des marchandises rutilantes et désirables.

D'ailleurs, que veut dire « faire les bonnes choses » ? Satisfaire les désirs du consommateur-roi ? Il y a belle lurette que John K. Galbraith, poursuivant les analyses de Thorstein Veblen[120], a montré comment nos désirs sont socialement fabriqués. Par exemple, quel genre d'humain pourrait affirmer avoir un *désir de publicité*, à part les pigeons manipulés par les émules de Jacques Séguéla ? Et puisqu'on en parle, une Rolex, c'est un désir de consommateur « satisfait » par une entreprise, ou est-ce un désir « fabriqué » par elle ? On vient au monde en ayant faim ou en rêvant d'une Rolex ?

Enfin, et surtout, la productivité est un poison pour une raison économique trop peu souvent évoquée : elle est impossible à mesurer ! Sans même citer le cas des services, affirmer qu'une machine sort plus de pièces à l'heure qu'une équipe d'ouvriers avec de simples outils ne nous dit rien, une fois de plus, sur la qualité des produits réalisés. Par conséquent, cette productivité est un leurre. Elle n'est idéale que pour l'entreprise qui voit ses coûts unitaires diminuer et donc ses perspectives de vente et de profit s'accroître.

Tout le reste de la société est non seulement dupé par cette obsession de productivité, mais elle en paye le prix fort d'une façon ou d'une autre.

La productivité accomplit la prouesse d'être à la fois le mécanisme central de tout système productif et la notion économique la plus mystérieuse entre toutes. Elle est aux économistes ce qu'est la vie pour les biologistes.

Car sans gains de productivité, pas de croissance possible. En revanche avec, c'est le jackpot ! Non seulement on vend moins cher, mais on vend plus. « Plus » du bien dont le coût de production a diminué, bien sûr, mais plus aussi des autres biens qu'on pourra se payer avec les économies faites sur le bien dont le coût de production a baissé.

Il faudrait être fou (ou décroissanciste) pour ne pas chercher à gagner en productivité dans un système concurrentiel. Car si vous ne le faites pas, les autres le feront quand même. Et ils vous voleront toute votre clientèle. À deux conditions, cependant :

1/qu'il n'y ait pas trop de perte sur la qualité du produit,

2/que vos clients aient un comportement calculateur et intéressé et n'aiment pas votre produit et vos services d'un amour inconditionnel.

Pour le premier point, il y aurait beaucoup à dire, au regard de la baisse spectaculaire de qualité induite par l'industrialisation des productions agricoles, textiles et des principaux biens de consommation, jusqu'à celle des biens immobiliers (seuls les biens de production et les automobiles peuvent revendiquer une baisse de coût sans perte de qualité).

Pour le deuxième point, c'est le rôle des vendeurs de rêve de fabriquer suffisamment de consentement pour que l'on soit massivement persuadé qu'un bien de m*rde vaut le coup d'être acheté, quel que soit son prix.

Quant à savoir pourquoi la productivité existe et a fait un bond spectaculaire depuis la révolution industrielle, la réponse se trouve sans doute là où les économistes ne l'ont jamais cherchée : dans la consommation d'énergie. Comme la seule voie tracée par Smith était celle de l'efficacité de l'organisation du travail, ses successeurs ont toujours été convaincus que c'est là que se trouve la bonne explication. Et qu'en se creusant les méninges, on trouvera bien un jour une innovation de rupture : celle permettant de faire s'envoler notre productivité qui n'en finit plus de s'essouffler depuis 50 ans.

En raison de la décroissance voulue ou subie de l'utilisation des énergies fossiles, il y a peu de chances, à vrai dire, qu'on découvre un jour une telle pierre philosophale…

Les innovations, quatrième cercle de l'enfer productiviste

Pour augmenter la productivité, les économistes ont un seul levier d'action, mais de qualité : les innovations. A la question, *« Les innovations, mais pour quoi faire ? »*, Franck Aggeri[121] a apporté la bonne réponse : pour faire de la croissance. Il montre dans un excellent essai que les innovations sont devenues le totem indétrônable de nos économies de croissance. Selon lui, notre nouveau modèle de société exigera *« de rompre avec la logique de productivité et de recherche systématique des coûts les plus bas »*. Le problème est que la logique innovatrice est un processus autoentretenu. Aggeri questionne : *« Comment sortir de ce cercle vicieux où des innovations incontrôlées engendrent des effets indésirables qui suscitent à leur tour le besoin d'innovations censées en corriger les effets[122] ? »* Car comme il le remarque judicieusement

« L'innovation technologique ne résout pas tous les problèmes écologiques, elle les déplace[123] ».

Franck Aggeri explique pourquoi il est si difficile de critiquer les innovations, expression moderne du progrès, dont elles sont *la « figure dépolitisée, qui n'a ni histoire ni connotation négative »*. L'innovation, c'est le progrès sous sa *« forme visible : celle d'une technologie, d'une infrastructure, d'un objet, d'un service ou d'une méthode »*. Les innovations, c'est la culture du progrès en marche.

Les innovations sociales des partisans de l'après-décroissance (sur les monnaies alternatives, ou sur le revenu universel) auront-elles la même légitimité sociale que les innovations technologiques marchandes chères à Philippe Aghion[124] ? C'est là le fond du problème : car nous sommes désormais lancés dans la course à l'innovation la plus utile socialement, dont il est à craindre que ceux qui promettront la plus enrichissante, monétairement parlant, auront gagné la partie avant même qu'elle ait commencée.

Dans l'idéal, écrit Aggeri, il faudrait *« intégrer les innovations dans des réflexions globales qui prennent en compte les effets temporels, d'échelle, de système, et les irréversibilités qu'elles sont susceptibles d'engendrer sur le plan environnemental et social »*. Mais nos sociétés sont-elles capables de faire peser de telles contraintes sur des innovations qui sont de toute façon, dans l'inconscient collectif, porteuses de progrès ? Si l'on veut « en finir avec la productivité »[125], il ne faut pas tergiverser : il faut sortir autant qu'on le peut de la concurrence marchande. C'est-à-dire s'extraire à jamais des deux premiers cercles de l'enfer productiviste.

Alors, par quoi, par où et par qui on commence ?

Notre système productif a placé au cœur de « l'oignon des activités productives » celles qui s'autoentretiennent, en reléguant à la périphérie celles qui sont les plus essentielles, et qui nous permettent de gaspiller notre énergie en fabrication de biens et services non essentiels. Une chose est sûre : un monde décroissant ne saurait se priver des activités salariées qui le font vivre. Les salariés qui nourrissent, protègent, guérissent et instruisent la population n'ont aucune raison de voir diminuer leurs revenus en premier. Ils sont essentiels à l'existence de tous les autres.

En revanche, ceux qui sont là pour faire chauffer la machine devraient voir leurs activités planifiées dans la voie d'une disparition progressive. La question n'est plus « De quoi avons-nous vraiment besoin ? », comme se le demandaient les économistes atterrés[126] à la sortie du confinement, mais « De quoi n'avons-nous pas besoin ? ». Le monde décroissant n'a aucune raison de conserver la moindre activité publicitaire, par exemple. Il me semble que ce secteur est au cœur de tant de processus de croissance productive, de gaspillage et de production de déchets qu'il serait utile de commencer par organiser sa réduction planifiée. Certes, il fait lui-même vivre de nombreux autres secteurs qui dépendent totalement de lui, en particulier le monde numérique. Mais qu'importe : il serait temps que les applications et les producteurs de contenus vivent enfin de la contribution volontaire des consommateurs. Nous avions évoqué la façon dont la valeur d'Internet est mesurée par le prix que les usagers sont prêts à payer pour en profiter : il est temps que l'on connaisse ce prix réel. Cela calmera, et ça n'est pas un moindre bienfait, la croissance fabuleuse de l'énergie dévorée par les activités numériques.

En parallèle, les activités les plus émettrices de gaz à effet de serre doivent également être en tête de liste des activités qui cesseront de rémunérer des salariés, faisant ainsi baisser le PIB. On parle ici des producteurs d'énergies fossiles des secteurs qui en abusent pour satisfaire des besoins non essentiels (dont le tourisme de masse, en premier lieu), mais aussi pourquoi pas des établissements financiers qui leur permettent d'investir, ou des centres de recherche qui accroissent les activités fossiles, de près ou de loin. Là encore, la puissance publique devra être l'acteur majeur de cet effacement progressif de ces activités de nos existences. La décroissance de ce secteur aura de telles répercussions sur l'ensemble des autres, qu'il suffira sans doute à entraîner toute l'économie dans son sillage.

En l'absence d'énergie fossile, tout devra être produit autrement, et tout sera plus difficile à produire. On ne manquera pas de besoins en main-d'œuvre là où les machines seront à l'arrêt, et on peut imaginer que le grand rêve de flexibilité de la main-d'œuvre prendra enfin tout son sens. La substituabilité entre facteurs de production, posée comme une condition du bon fonctionnement des marchés pourra jouer à plein. Les publicitaires orphelins de leurs emplois pourront aller voir s'ils peuvent se rendre utiles dans le monde agricole, dans les métiers du soin ou dans le système éducatif.

En réalité, le système de compensation aura bien lieu. Oui, on gagnera d'un côté ce qu'on perdra de l'autre, en emplois et en revenus. Mais l'idée est toujours de réduire plus que l'on augmente. Or, de ce point de vue, la baisse de la productivité viendra garantir que les réductions sont supérieures aux activités « soutenables » en croissance en raison d'un mécanisme économique sous-estimé : l'effet débond, qui est l'inverse de l'effet rebond.

J'ai expliqué dans *Escronomistes !* pourquoi l'usage du terme « effet » est inapproprié pour le rebond. Car dans un monde productiviste, ce mécanisme n'est pas optionnel : il n'a aucune raison de ne pas jouer, de ne pas favoriser la croissance. En particulier, tout le temps qui est gagné par les consommateurs avec les gains de productivité est systématiquement consacré à la consommation de loisirs supplémentaire. Le choc de déproductivité lié à la perte des fossiles devrait provoquer l'effet inverse. En perdant en efficacité, tout sera plus long à réaliser par les producteurs et les consommateurs. Des véhicules économes en ressources, par exemple, ne peuvent qu'aller moins vite. Le temps « perdu » dans ces nouveaux véhicules ne sera donc pas passé à consommer plus d'autre chose, mais au contraire, à consommer moins. Certes, on pourra juste aller moins loin en y consacrant le même temps, mais si l'on fait cela on « consommera » moins d'infrastructures. On sera alors entraîné dans une spirale de frugalité et de sobriété qui sera vertueuse.

On sait bien à quelles activités sera destiné en priorité le temps des actifs : à celles qui les occupaient avant que le monde marchand vienne leur prêter main-forte. Ainsi, la transformation de matières premières agricoles en produits alimentaires a toujours occupé un temps important de l'humanité (et n'a jamais cessé de le faire dans les pays pauvres). Il va falloir se remettre aux fourneaux si l'on envisage vraiment d'économiser la production de déchets d'emballages. L'idée de convertir le temps que l'on utilisait pour se faire à manger en temps de travail visant à obtenir un salaire permettant de s'acheter des aliments tout préparés était, de toute façon, une idée stupide : ces aliments industriels sont néfastes pour la santé et pour l'environnement. Il faudra se faire soi-même à manger sur la base de produits bruts, que ça nous plaise ou non.

La grande machine à nous alimenter sans effort ne pouvait fonctionner qu'au prix d'une production de déchets et de gaspillages hallucinants. Il faut que ça cesse. N'importe quel adulte capable d'assumer ses responsabilités, dont la première est de nourrir sa famille, saura se plier à cette exigence (qui est si souvent un plaisir) consistant à faire à manger soi-même. Comme il n'est pas interdit de partager le travail dans le foyer, selon le bon vieux principe smithien de la division du travail, on pourra toujours laisser à ceux qui aiment cuisiner le soin de le faire : on ne manquera pas de choses à faire par ailleurs dans le mode décroissant.

Un mot à destination des progressistes de tout bord qui voient d'un mauvais œil ressurgir les fantômes du passé traditionaliste : le monde décroissant fleure bon le virage réactionnaire. En effet, il valorise ces activités dont tout ce qui compte dans le camp du progrès considérait comme des formes de contraintes asservissantes touchant avant tout les femmes. Disons-le autrement : l'émancipation des individus a été une opportunité unique dont l'humanité s'est saisie lorsque l'abondance énergétique lui en a donné l'occasion. Il a été possible (et il ne l'aurait pas été sinon) de cesser de faire travailler les enfants grâce à l'abondance énergétique. Certains historiens, pour qui les explications techniques ne peuvent expliquer de façon mécanique les évolutions sociales ne supportent pas que Jean-Marc Jancovici attribue à l'usage croissant des fossiles la fin de l'esclavage. Car on trouve de nombreuses sociétés qui ont connu le charbon et le pétrole sans abolir automatiquement l'esclavage, et celui-ci existe encore de nos jours, tout comme le travail des enfants. Mais si une condition nécessaire n'est jamais socialement suffisante, elle n'en reste pas moins nécessaire.

Inversement, la fin proche ou lointaine des fossiles nous obligera à travailler de nouveau plus longuement à la satisfaction de nos propres besoins, ceux-ci ne pouvant plus être pris en charge, au point où nous en sommes arrivés, par le monde marchand. J'ai montré dans *Sale temps pour l'économie marchande* qu'il y a là l'occasion d'une reprise en main de nos existences, d'une sortie de l'aliénation par le marché : c'est une opportunité inespérée. Certes, si on considère que le progrès humain consiste, pour les hommes comme pour les femmes, à tout faire faire par d'autres à moindre coût on ne décroîtra jamais, sauf sous la pression d'un monde en décomposition climatique et environnementale. Si on est prêt à se dire que, tout compte fait, revenir à une forme de vie sociale dont nous sommes encore nombreux à témoigner qu'elle n'avait rien de désespérant et qu'elle donnait à chacun une sorte de pouvoir quotidien sur son existence, dont les technologies marchandes nous ont privés abusivement, alors il reste un avenir possible pour l'humanité dans la voie de la décroissance.

La décroissance, allons-y ! Mais jusqu'où ?

La grande qualité de la croissance était de nous proposer « un monde sans fin[127] », comme une promesse d'éternité. Dans une pure logique comptable, on le sait, les chiffres n'ont pas de limite supérieure. On pouvait alors imaginer que nos revenus, évalués par le PIB, augmenteraient eux aussi sans jamais s'arrêter. Certes, on raconte depuis longtemps dans les salles de marché que « les arbres ne montent pas jusqu'au ciel » pour signifier que même les marchés spéculatifs ont des limites.

Mais dans le monde économique et physique, une seule chose est sûre : il n'existe pas de grandeurs négatives. Il est donc impossible de faire descendre une grandeur économique en dessous de zéro (sauf dans monde financier : ça s'appelle des dettes). Ce sera le cas de nos revenus : les faire décroître est un projet intéressant, s'il s'avère que ça peut réduire notre pression sur les ressources environnementales. Mais il est inconcevable de les réduire sans cesse jusqu'à les annuler totalement. Ce principe de réalité est un argument de bon sens souvent invoqué par les opposants à la décroissance qui en font un projet insensé.

Les décroissancistes sont bien conscients de cette impasse. Selon eux, il faut s'engager dans la voie de la décroissance jusqu'à atteindre le niveau de prédation le plus faible possible, compatible avec la satisfaction de nos besoins. C'est en particulier la thèse de Kate Raworth et de sa théorie du Donut. Cette pâtisserie populaire outre-

Atlantique forme un anneau qui dessine deux cercles concentriques. Dans cette théorie, le cercle le plus large représente la limite de revenus qu'on ne peut pas dépasser sans mettre en danger les conditions de vie sur la planète. C'est à l'intérieur de ce cercle que la décroissance est censée nous faire rentrer dès que possible. En revanche, il existe un cercle moins large à l'intérieur duquel il ne faudrait pas entrer, car il délimite le niveau de revenus en deçà duquel nos besoins ne seront plus satisfaits.

Timothée Parrique[128] et Dominique Méda[129], mais aussi Tim Jackson[130] et beaucoup d'autres décroissancistes, parlent de post-croissance pour évoquer le moment où les pays riches auront suffisamment décru. Bien sûr, il s'agit de réduire la production et la consommation, et rarement les revenus. Mais c'est la même chose, si les revenus augmentent moins vite que les prix…

Certains économistes se souviennent que dans sa Théorie générale, Keynes envisageait tous les moyens de réduire le chômage. En s'appuyant sur la théorie néoclassique (dont le seul défaut était de ne pas s'appliquer à une situation d'insuffisance de la demande), il envisageait qu'une baisse des salaires réels soit obtenue par l'augmentation des prix. Pour le dire simplement, puisqu'il n'est pas envisageable de baisser les salaires sans buter sur des résistances sociales et syndicales légitimes, on peut envisager de laisser augmenter les prix de façon à ce que les salaires achètent de moins en moins de biens et services : c'est ce qu'on nomme une baisse « réelle » des salaires qui permettrait une baisse de la consommation.

Bien sûr, la dimension subie de cette baisse n'est pas forcément du genre à plaire aux partisans de la décroissance planifiée et consentie démocratiquement. Mais c'est un scénario qui est tout à fait plausible, dans l'hypothèse où rien ne serait fait par ailleurs pour réduire la production et la consommation marchande.

Si je n'ai pas répondu à la question importante des limites de la décroissance, c'est peut-être parce que je n'en ai pas la moindre idée, et que je ne crois pas à une planification démocratiquement consentie de la baisse de nos revenus. Le scénario le plus probable est que ceux-ci baisseront « en volume », sous la pression de la hausse du coût des ressources, en particulier énergétiques. Combien de temps durera cette baisse ? Jusqu'à ce que nous ayons appris à satisfaire un nombre limité de besoins, conformes à ce que notre environnement immédiat peut nous offrir. Une fois ce nouvel équilibre atteint, il n'y aura plus aucune raison de réduire encore nos revenus. Peut-être serons-nous alors à l'intérieur du Donut de Kate Raworth, mais peut-être pas, qu'importe. Il nous faudra trouver le niveau de satisfaction de nos besoins compatible avec les ressources qui nous environnent et avec les quantités de travail que nous serons prêts à y mettre.

C'est gratuit, la décroissance ?

Une interrogation doit brûler les lèvres de quelques-uns de mes lecteurs. Certes, le secteur marchand doit son expansion aux activités non marchandes. Mais l'inverse n'est-il pas aussi exact ? Une grande partie des activités non marchandes ne s'appuie-t-elle pas sur le financement par les prélèvements effectués sur les revenus marchands ? Et, d'une manière générale, réduire les revenus par la réduction des activités marchande, n'est-ce pas priver l'État, et tout le secteur non marchand qu'il fait vivre directement (hôpitaux, écoles) ou indirectement (subventions aux associations, entretien des réseaux d'eau, d'énergie, de transport), de ressources qui lui manquent déjà ?

Il nous faut donc nous demander si, en se privant de revenus, on ne se privera pas des moyens de financer la sortie de la croissance, comme le disent de nombreux partisans de la transition écologique et en particulier énergétique (car on ne bascule pas vers d'autres sources d'énergie sans des investissements colossaux, si tant est qu'une telle bascule soit possible).

« Il y a suffisamment de capital et de liquidités dans le monde pour combler le fossé des investissements (climatiques) compte tenu de la taille du système financier mondial, mais il existe des barrières à la redirection du capital vers les politiques climatiques (...) » peut-on lire dans le point C.7.3. du dernier rapport de synthèse du GIEC.

Avec tout le respect que j'accorde à cet organisme pour son salutaire travail d'alerte aux populations et aux décideurs mondiaux, les quelques paragraphes qui portent sur la faisabilité économique des politiques climatiques méritent qu'on en discute très sérieusement. Comme le dit très justement Etienne Klein[131] : *« nous ne pouvons pas savoir grâce à nos seules connaissances scientifiques ce que nous devons faire d'elles ».*

Car la situation est trop grave pour qu'on se paye de belles déclarations du type : « si tout l'argent du monde allait un jour vers la résolution des problèmes des plus démunis, il n'y aurait plus d'injustices sur terre ». Il y a deux raisons purement économiques qui rendent une telle vision des choses complètement naïve.

Tout d'abord, il n'existe pas un « stock » d'argent mondial disponible pour servir là où l'on voudra bien l'orienter. Affirmer cela, c'est se méprendre sur la nature de la monnaie. Toute la monnaie créée par le système bancaire finit toujours par se placer (après quelques détours vers les dépenses de consommation) sur des supports financiers qui n'ont comme valeur que celle que veulent bien leur accorder ceux qui les détiennent. Dit autrement, que votre argent soit sur une assurance-vie, un livret d'épargne, des bons du trésor ou des contrats financiers complexes, cet argent n'existe que tant que ces supports gardent une valeur aux yeux de ceux qui les détiennent et les font fructifier.

Les faillites bancaires récentes le rappellent régulièrement à qui l'ignorerait : détenir de la monnaie, de nos jours, consiste essentiellement à détenir de simples promesses de remboursement, qui peuvent ne jamais être tenues. De plus, ces capitaux ne peuvent pas être déplacés autoritairement vers l'usage qui apparaîtrait subitement comme prioritaire par les décideurs politiques devenus soucieux de justice climatique. Car le simple fait de faire main basse sur ces promesses de remboursement que sont les placements financiers suffirait à en faire fondre l'essentiel, sous l'effet du sauve-qui-peut généralisé qui se produira quand chacun voudra récupérer sa mise.

Dire qu'il y a suffisamment d'argent dans le monde pour régler les problèmes de l'humanité est donc une banalité aussi ancienne que les malheurs du monde eux-mêmes. Non, on n'a pas assez d'argent « disponible » pour assurer le bonheur de tous, éradiquer la faim et la maladie, arrêter les guerres, et sauver le climat comme les espèces menacées d'extinction. Car ceux qui possèdent cet argent n'y sont pas « disposés ». Ces capitaux n'ont pas été créés pour ça.

Ils préféreront s'envoler en fumée, plutôt que de servir à des activités qui ne peuvent tenir aucune promesse d'enrichissement. Et c'est ce qui se passera.

On peut attendre que ce moment arrive pour réfléchir aux moyens de financer un monde sans fossiles. Ou alors, on peut anticiper le problème. Des voix se font entendre[132] pour imaginer les modalités de financement d'un monde moins marchand, moins prédateur. Et elles envisagent de le faire en quittant progressivement les mécanismes croissancistes qui nous enfermaient dans les cercles de l'enfer productiviste.

Mais il s'agit là de nouveaux chantiers qui ne seront ouverts que le jour où l'on aura décidé de changer de cap et d'embarquer pour un voyage intrépide vers la baisse de la productivité et du PIB.

INTERLUDE 5

Le vrai scotome des économistes*

La productivité est cette notion qui obsède les économistes mais dont ils n'ont encore compris ni les tenants ni les aboutissants. La preuve est visible dans un article[133] signé de trois de nos plus grands experts en productivité : Gilbert Cette, Antonin Bergeaud et Rémy Lecas.

La productivité est un surplus de croissance apporté par la grâce des innovations technologiques. C'est « comme ça » que la comprennent les économistes depuis Robert Solow et ses modèles de croissance initiés en 1956. Et l'article que j'évoque prouve qu'aucune autre explication ne semble envisageable. La parole de Solow, dont il faudrait se souvenir qu'il a juste émis une HYPOTHÈSE validée progressivement par tous les économistes mainstream, cette parole est d'or. Inoxydable.

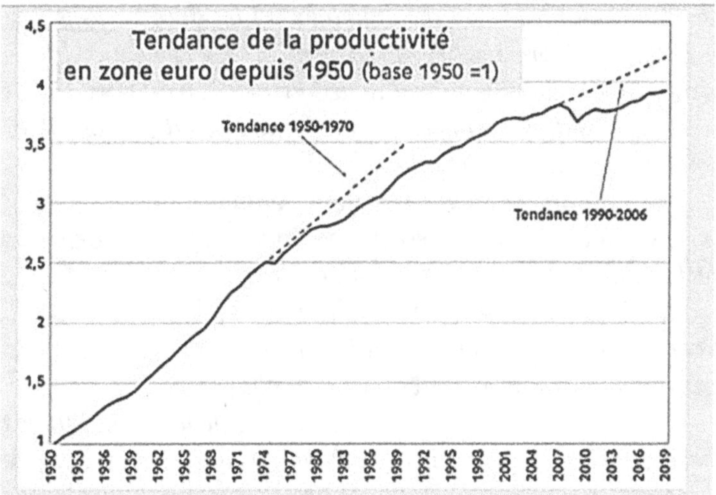

**Un scotome correspond à une tache aveugle dans le champ visuel*

Le fait que la tendance de forte hausse de la productivité des années 50-70 ait pu s'enrayer pour la même raison qu'elle s'enraye de nouveau depuis 2010, c'est-à-dire à cause d'un problème de pics de production et de taux de retour énergétiques en forte baisse, est à peine un sujet pour eux. La pression sur les ressources matérielles non plus. Car, pour les économistes, les fossiles ne sont pas un facteur de production. Alors que le progrès technique en est un. Tout cet essoufflement de la productivité devrait être entravé par la hausse des innovations, dont on a décidé depuis Smith et la division du travail qu'elles sont la seule vraie cause de la richesse de nations.

Voici comment nos économistes concluent leur papier :

« Le ralentissement des années 2010 résulte de facteurs qui sont liés à la fois aux conséquences de la crise financière et au temps de déploiement des nouvelles technologies ».

Autrement dit, il faut juste de bonnes réformes structurelles pour « tirer le plus grand bénéfice de la révolution numérique en cours ». *Et si cela n'advenait pas ? se demandent-ils pour conclure. Eh bien ! nous ne pourrions financer ni la transition énergétique ni la préservation du pouvoir d'achat et des retraites. Car les économistes du système néolibéral n'ont pas d'autres pistes pour augmenter les revenus*[134].

Quand on n'a qu'un seul enfant, on le chérit excessivement. Il serait vraiment temps que les théoriciens de l'économie mettent au monde un autre marmot que la productivité. Car leur petit chéri est à bout de souffle. Normal : ses parents lui ont fait porter une charge bien trop lourde pour ses maigres épaules, pendant des décennies.

La productivité va mourir, au rythme de la déplétion des fossiles. Elle doit mourir, même, si on veut sortir de l'accumulation des déchets solides et gazeux dont elle est la première responsable.

CONCLUSION

Fuir la croissance avant qu'elle ne se sauve…

Quand Dieu a créé le temps, il en a fait assez
(Proverbe irlandais)

Un économiste américain, président de l'Association américaine de statistiques a déclaré en 1957 : *« la comptabilité nationale est sans conteste une des contributions majeures, sinon la plus grande, de la communauté des économistes »*. Je ne suis pas loin de le penser. La compréhension de flux monétaires dans l'économie surpasse de très loin en pertinence toutes les contrevérités établies par la microéconomie, à propos de la détermination des prix, du rôle de la productivité ou du choix des consommateurs en condition de concurrence pure et parfaite.

Le professeur Hicks, de renommée mondiale, disait que c'est probablement la meilleure manière de commencer l'étude de l'économie[135]. Muni de la seule équation du PIB décomposé entre ses divers agrégats de demande, je peux expliquer à mes étudiants, très précisément, la plus grande partie des problèmes économiques de notre temps. Par conséquent, *« brûler la recette du PIB »*, comme le suggère Timothée Parrique, serait aussi stupide que de faire disparaître les lois à l'aérodynamique au motif que les avions rejettent trop de CO2.

Tout le monde sait qu'une grosse fièvre chute rarement après qu'on a cassé le thermomètre. Certes, avec le PIB, on est plutôt dans la situation où le malade est encouragé à faire monter la fièvre car elle le rend euphorique. Mais ce n'est pas le thermomètre qui crée cette euphorie. Comme je le disais en commençant cet essai, tout le monde se fiche bien de savoir quel est le montant du PIB par habitant de son pays. D'ailleurs, la très grande majorité de la population l'ignore.

Changer de boussole, de cap ou de navire ?

Que le PIB soit une boussole réservée aux dirigeants lui sauvera peut-être la vie : c'est une opportunité formidable pour qui veut orienter notre économie dans une autre direction que celle prise depuis la révolution industrielle. Mais il ne faut pas s'illusionner sur la capacité des dirigeants à faire croître ou diminuer le PIB sur commande. Les critiques de la croissance ont attribué au PIB un pouvoir qu'il n'a pas. Comme l'écrit Antonin Pottier, *« la croissance économique n'est pas la réponse au choix d'une boussole qui serait le PIB »*, ne serait-ce que parce que la croissance économique s'est déroulée *« pendant presque deux siècles sans indicateurs globaux, sans mesure de cette croissance, sans comptabilité nationale ni PIB. Elle est, d'une certaine façon, un processus spontané, bien qu'en partie encouragé par l'État »*. Il est temps que l'État encourage la décroissance et invente les mécanismes qui la rende économiquement possible et politiquement, comme socialement, acceptable.

Dans un monde où l'énergie cesserait d'être abondante, y compris celle que l'on peut consacrer à repenser le système productif, il serait vain de mettre toutes nos forces dans un changement d'indicateur statistique. Le temps consacré à réévaluer le monde sous d'autres points de vue pourrait être utilisé de façon bien plus utile en travaillant directement à l'abandon rapide des activités humaines les plus délétères, qui sont presque toutes évaluées par le PIB.

J'ai montré qu'en raison de la nature même de la logique marchande, les activités produites à des fins de rentabilité sont souvent celles qui polluent le plus : elles sont aussi celles qui augmentent le PIB. Supprimer l'agrégat fétiche des défenseurs de la croissance ne changera rien à l'existence de ces activités. En revanche, agir pour contraindre tous ceux qui participent à leur croissance de cesser de contribuer à la destruction progressive du monde vivant et du climat serait une dépense d'énergie bien plus efficace.

Notre obsession devrait être de faire un meilleur usage du temps dont on dispose, non pas parce qu'il nous en manque et qu'il n'est pas abondant, mais pour cesser de faire de la vitesse de production le critère ultime de l'efficacité productive. En économie, le temps est cher et doit être économisé. Dans la vie sociale, le temps est une ressource abondante dont nous devrions pouvoir profiter largement mais à condition de l'utiliser correctement, en particulier pour cesser de se battre contre des ennemis chimériques dont la symbolique nous déplaît. Le PIB a une sale tête, sans doute, mais c'est la nôtre.

Le supprimer ne servirait à rien qu'à faire disparaître dans le miroir le visage honteux de l'humanité que la civilisation thermo-industrielle a construit avec l'assurance prétentieuse de celui qui est convaincu de s'être fait l'égal des dieux.

Car l'être humain n'a jamais créé aucun monde vivant : il a juste détruit méthodiquement le seul qu'il avait sous la main.

Le PIB c'est la mesure de notre transpiration marchande. Mais que l'on ait versé des litres de sueur en compétition sportive professionnelle, en bâtissant des cathédrales ou en exterminant des innocents, le PIB ne le dit pas. Il nous dit simplement, avec une précision diabolique, que tout ce que nous faisons, à l'aide de machines puisant leur énergie dans les entrailles de la Terre, est producteur de déchets et destructeur de l'environnement.

Le PIB ne nous dit pas si nous faisons les bonnes choses ou les mauvaises choses. D'ailleurs, qui saurait le dire ? Il n'est ni bon ni mauvais de vouloir se déplacer, visiter le monde, échanger des biens et des services avec des humains vivant loin de nous et dont la culture nous rend curieux des différences humaines. Disons que c'est, à la fois, bon et mauvais. Bon pour notre enrichissement personnel, matériel et humain, mais mauvais par les moyens que cela mobilise, et qui sont destructeurs du monde vivant, du climat et des ressources rares. Or, répétons-le une dernière fois, le PIB est muet sur le sujet. Le pire est qu'il cache cet effondrement de notre environnement naturel derrière un afflux croissant de revenus dont on se fait croire qu'il ne resterait plus qu'à les redistribuer équitablement pour être tous heureux.

Pourtant, si on le regarde de près, on s'aperçoit que le PIB nous dit que ce que nous faisons, nous le faisons mal. Or, en économie, il est convenu que l'efficacité consiste à « bien faire les bonnes choses ». Quoi que nous fassions, en matière d'activité économique marchande ou non marchande, nous détruisons le monde. Voilà ce que nous devons apprendre du PIB. Et voilà pourquoi il devrait être socialement désirable de le faire baisser. Définitivement.

Nos « vraies » richesses en seront-elles affectées ?

Je parierais volontiers, même en l'absence d'indicateur fiable, qu'il n'en sera rien.

INTERLUDE FINAL

La fin de l'Homme productif

> « En songeant aux jouissances sans nombre que la nature offre, donne et prodigue aux âmes ouvertes et refuse aux âmes fermées, il en vient à plaindre, lui millionnaire de l'intelligence, les millionnaires de l'argent »
>
> Victor Hugo, Les misérables, Livre V, Chapitre 3

On l'appellera Homo econhumus. Parce que sa maison c'est la terre. Pas la planète Terre, qui est trop grande pour lui, mais la terre humus qui est sous ses pieds. Homo econhumus sait qu'il vient du terreau né de la décomposition des organismes vivants et qu'il y retournera un jour. Ce n'est ni bien ni mal, c'est dans l'ordre des choses. Il est le cousin d'Homo economicus, le conquérant destructeur, celui qui ne cesse de transformer le monde à son profit.

Homo economicus n'arrive pas à admettre ce manque d'ambition qui anime son cousin. Lui se sent investi d'une mission : rendre le monde plus grand et plus fort. Homo econhumus sait que le monde est beau parce qu'il est le monde et qu'il est fort parce qu'il donne la vie, pas parce qu'il la prend. Il sait qu'il ne sert à rien de bâtir sur la planète des monuments toujours à la gloire d'Homo, jamais à celle du Monde.

Homo econhumus ne mange pas plus que ce qui lui est nécessaire pour avancer dans la vie. Il ne souffre pas d'obésité, ni de son corps, ni de son cerveau, ni de son ego. Au départ, Homo economicus faisait l'admiration de son cousin : il savait faire tant de choses ! Son ingéniosité forçait le respect. Tout ce qu'Homo economicus faisait se transformait en or.

Puis Homo economicus a inventé la bombe pour lui-même et les pesticides pour les autres espèces vivantes. Sa force de vie s'est transformée en fascination pour la mort. Inquiet de ne pas être éternel, il s'est armé jusqu'aux dents pour détruire ce qui le menace. Mais c'est lui-même qu'il détruit.

Homo econhumus, lui, est une espèce pacifiste, avec une faible chance de survie, mais qui a compris que gagner un peu de temps de vie sur le dos des écosystèmes et de ses congénères est un pari perdant pour ses enfants. D'ailleurs, la vie d'Homo economicus est-elle beaucoup plus longue ? Ne perd-il pas en accidents de la modernité ce qu'il a gagné par les progrès de la science ?

Alors tranquillement, Homo econhumus traverse le temps. Il ne laissera derrière lui que les restes de sa maison, ses habits, quelques livres et des outils de jardinage ou de cuisine. Il laissera surtout des chants, des danses, des poèmes, des instants de joie collective qui ne détruisent aucune ressource mais qui construisent des souvenirs qu'il fait bon emporter avec soi le moment venu.

À rebours de son cousin, Homo econhumus ne laissera aucun polluant éternel derrière lui, aucun édifice indestructible. Et cela lui importe peu. Car il laissera un bien plus précieux : des enfants convaincus que le monde est fragile mais que la Terre accepte de nous prêter ses ressources si on les lui rend un jour.

Homo econhumus partira sous le regard moqueur de son cousin qui s'appliquera encore longtemps à détruire le monde pour le mettre à sa botte pour satisfaire sa volonté de puissance. Quand Homo econhumus partira, on entendra pleurer la faune et la flore. Quand Homo economicus partira, rien ni personne n'émettra de regrets ni de pleurs.

Un grand « ouf » de soulagement envahira le monde.

ÉPILOGUE

Finalement, l'écriture de cet essai m'a permis de comprendre ce qui cloche dans l'approche du PIB par la production. La vérité est que notre acharnement à chercher à produire des « richesses », celles au nom desquelles on se verse tant de revenus croissants, n'ajoute pas vraiment de valeur aux choses. C'est pourtant le prétexte que nous nous donnons pour justifier notre récompense : on croit partager entre nous la valeur que nous avons ajoutée.

Mais de quoi parlons-nous ? Il est faux de dire que *nous ajoutons de la valeur* au monde : dans la grande balance des coûts et des avantages de l'enrichissement des sociétés, les destructions irréversibles et irréparables[136] pèsent désormais trop lourd. Aucun capital économique ne les remplacera jamais plus.

À partir de maintenant, si nous pouvions seulement *préserver la valeur des choses* que nous prélevons autour de nous, et que nous transformons, ce serait un formidable progrès ! Si nous pouvions mettre le monde à l'abri de nos pulsions destructrices, éviter de le transformer inéluctablement en déchets ultimes, préserver le vivant d'une mort toujours bien assez précoce, restaurer les relations sociales qui sont assez fragiles pour qu'on ne leur ajoute pas de rapport de subordinations supplémentaires, si nous pouvions détourner le climat de sa dérive actuelle, si nous pouvions cesser d'en faire toujours plus en cessant d'en faire toujours trop et tellement mal, alors nous verrions le PIB, enfin apaisé, diminuer lentement mais sûrement.

« L'orage gronde, mais ça devrait mieux se passer, maintenant, nous dirait-il à sa façon. *La guerre que vous meniez contre vous-mêmes est en train de s'achever ».*

REMERCIEMENTS

Un essai sans relecture ne reste qu'un premier jet désordonné.

Je remercie mon fils Jorge de m'avoir rappelé que, quoi que l'on fasse, de la cuisine, du carrelage ou de la vulgarisation, la médiocrité n'est pas une option.

Merci à David Cayla de m'avoir permis de comprendre que deux enseignants en économie ont encore des choses à s'apprendre.

Nicolas Abbondanza a pris sur son temps d'ex-prof de SES pour conseiller son ex-prof de SES ! Qu'il en soit ici chaleureusement remercié.

Théo André a été là pour me confirmer que l'intelligence sans sensibilité n'est que du bricolage stérile. Même si n'est pas Victor Hugo qui veut.

À eux tous, ainsi qu'aux commentateurs et commentatrices ouvertes à la discussion et curieuses d'esprit, que je croise sur LinkedIn ou dans la vraie vie, et à tous les élèves, étudiantes et étudiants qui inspirent mes réflexions et qui les stimulent par leurs questionnements, j'adresse tous mes remerciements.

Et comme il est d'usage de le rappeler : les bourdes, coquilles et approximations qui émailleront définitivement ce modeste essai sont toutes de mon seul fait.

BIBLIOGRAPHIE ANNEXE

Les ouvrages cités en notes n'apparaissent pas ici.

Adieu à la croissance, Jean Gadrey, Les petits matins, 2010.
La mystique de la croissance, Dominique Méda, 2013
Moins pour plus, Jason Hickel, Époque épique, 2020
Déchiffrer l'économie, Denis Clerc, 1999, La Découverte.
Sacrée croissance, Marie-Monique Robin, La Découverte, 2014.
Prospérité sans croissance : Les fondations pour l'économie de demain, Tim Jackson, de Boeck Supérieur, 2017.
L'empire des chiffres, Olivier Martin, Armand Colin
Prouver et gouverner, Alain Desrosières, Ed. La Découverte, 2014

Recherche sur la Nature et les causes de la Richesse des nations, Adam Smith (1776).
Principes d'économie politique, Thomas Malthus (1820), Ed. Calmann-Lévy.
Théorie générale de l'emploi de l'intérêt de la monnaie, John Maynard Keynes (1936), Ed. Payot.

« Comment le PIB a pris le pouvoir », Dominique Meda, 5/11/12, Revue projet.
« Inventer l'économie, ou comment nous avons appris à ne plus nous inquiéter et à aimer le PIB », Daniel Hirschman
« Is growth obsolete ? » William Nordhaus et James Tobin. (1973). Disponible en format pdf sur le site du National Bureau of economic research, www.NBER.org
« Statistique et démocratie : à quoi servent les chiffres ? », conférence organisée par le Conseil National de l'information statistique (Cnis) et l'Insee le 5/02/14. À retrouver sur le site www.lafinancepourtous.com
"Défense et contestation du PIB : peut-on sortir de l'alternative ?", Didier Blanchet, L'économie politique, N° 93, 2022-1
"La pensée des physiocrates : les grands thèmes", Jean-Pierre Potier, SES -ENS, 7/12/2006

Notes (*Certains titres sont suivis d'initiales qui permettent de les citer plus rapidement par la suite)*

---

[1] Sauf mention contraire, les citations sont tirées de *Ralentir ou Périr (RoP)* publié par Timothée Parrique en 2022 (Ed. Seuil). Les autres sont tirées de *Décroissances*, ouvrage collectif coordonné par François Jarrige et Hélène Tordjman (Ed. Le passager clandestin, 2023).

[2] *Sortir de la croissance (SdC)*, Eloi Laurent, Ed. Les liens qui libèrent, 2021.Edition de Poche, p. 79.

[3] *Escronomistes ! Ces théories qui abîment le monde* (ETAM) a été précédé de *Sale temps pour l'économie marchande (STEM)*, qui en est une version plus développée, mais publiée l'année précédente. Ed. L'Harmattan, 2022 et 2021.

[4] Certes, si on nomme décroissance le projet politique qui consisterait à accompagner la réduction de la production (nécessaire ou inéluctable, qu'importe), on a intérêt à le rendre séduisant. Mais je me distingue radicalement de Timothée Parrique par le fait que j'analyse la décroissance comme un mécanisme physique ayant des répercussions économiques. Et je crois qu'il est peu probable qu'aucune société ne valide jamais démocratiquement un tel projet (sauf, éventuellement, sur une planète habitée par 8 millions de Timothée Parrique…).

[5] *L'énergie du déni*, de Vincent Mignerot (Ed. Rue de l'Échiquier, 2022) est un petit livre qui, outre des questions essentielles posées sur la transition énergétique, réfute bien des prérequis des sciences économiques sur la substituabilité des formes d'énergie, en particulier le passage de technologies énergétiques fossiles vers des technologies à base d'énergie renouvelable (une expression elle-même très critiquable, comme le rappelle Etienne Klein dans une intervention du 29 août 2022 lors des rencontres des entrepreneurs de France. Cf . https://www.youtube.com/watch?v=ZQ-NfX_EteU)

[6] Jean-Baptiste Fressoz est un historien, d'influence marxiste, auteur notamment des *Révoltes du Ciel* (avec Fabien Locher, 2020) et de *Sans transition. Une nouvelle histoire de l'énergie* (Seuil, 2024)

[7] *« La décroissance nous conduirait tout droit à la guerre civile »* Michel Rocard, La Tribune, 29 mai 2015, à lire sur www.latribune.fr/opinions

[8] Faut-il que je rappelle, une fois de plus, ce qui fait l'objet d'une amnésie générale dans nos sociétés riches, depuis la reprise de la

mondialisation à marche forcée ? Il meurt de faim dans le monde *une personne toutes les 5 secondes, soit 6 millions par an, en majorité des enfants.* Et 800 millions d'habitants de la planète souffrent de manques divers. Quand je parle « d'urgence à satisfaire », et quel que soit le rythme inquiétant auquel avance la catastrophe climatique annoncée, je parle de ces vies en suspend dont beaucoup auront disparu bien avant l'horizon 2050 que nous donnent les modélisateurs du climat pour agir.

[9] *Comment les économistes réchauffent la planète*, Antonin Potier, Ed. du Seuil, 2016.

[10] « Les nouveaux indicateurs de richesse modifieront-ils la croissance ? -Les limites de la critique du PIB », Antonin Pottier, dans Le Débat, 2018/2 (N° 199), pp. 147 à 156, Ed. Gallimard, dispo. en ligne.

[11] Le 16 janvier 2024, dans ses vœux à la nation, Emmanuel Macron a utilisé sept fois en 13 minutes le terme *réarmement*, qualifié à tour de rôle d'économique, d'industriel, de civique ou de démographique.

[12] *« Promouvoir de nouveaux indicateurs de richesse : histoire d'une cause inaboutie »* Dominique Méda, FMSH-WP-2020-145, juin 2020.
D. Méda, actuellement à la tête de l'Institut Veblen (laboratoire d'idées consacré à l'étude de la transition écologique), est l'une des figures les plus importantes de la critique française de la croissance.

[13] Il s'agit de la théorie de la croissance endogène, portée par ces économistes nobélisés que sont Robert Lucas, Paul Romer et Robert Barro. En France, leur principal représentant est Philippe Aghion. Pour une présentation plus complète, se reporter au chap. 2 de mon essai *Escronomistes...*

[14] E. Laurent affirme que *« la plupart des économistes eux-mêmes n'ont pas la moindre idée de la manière dont il est calculé »* (SdC, p.89). Timothée Parrique affirme que *« la plupart des économistes ignorent comment ce chiffre est calculé »* (RoP, p. 26). C'est très excessif. Dans la mesure où l'étude de la comptabilité nationale est un parcours obligé pour tous les étudiants en licence d'économie, j'ai de sérieux doutes sur de telles affirmations. Ne serait-ce pas une façon de dire que seuls les critiques du PIB connaissent véritablement leur sujet ?

[15] On désigne la civilisation dont le développement repose sur l'usage des énergies fossiles (celles que l'on brûle) par l'adjectif *thermo-industriel*. Le secteur industriel n'est pas celui dont la consommation directe est la plus élevée en France (c'est le secteur résidentiel et les transports) mais tous les usages d'énergies fossiles passent par des

équipements fournis par l'industrie, ce qui en fait la première responsable de l'usage massif des fossiles par notre économie.

[16] Recherche effectuée sur le moteur *Yahoo !* le 24 octobre 2023.

[17] RoP, p.26

[18] *Une histoire de la comptabilité nationale*, (HCN), d'André Vanoli, La découverte, 2002. Cet ouvrage monumental, qui compile plus de 40 ans d'expérience professionnelle de l'auteur, propose des analyses qui font désormais référence sur le sujet.

[19] HCN, André Vanoli, p.357.

[20] Vanoli, décédé en 2022, conclut son *Histoire de la comptabilité*... sur la remarque suivante : *« Je suis convaincu que les approches dogmatiques qui tendent à se répandre ne sont ni productives ni intellectuellement acceptables »*. En l'absence de précisions sur les courants théoriques qu'il visait, on peut supposer qu'il visait en grande partie les critiques idéologiques du PIB reposant, comme je tente de le montrer, sur une déformation malhonnête d'un indicateur-martyr à qui l'on veut faire payer son rôle dans la mesure de la croissance.

[21] Cette équation n'est véritablement exacte que si le montant des consommations intermédiaires correspond bien à celles qui ont permis de produire ce qui a été vendu, montant enregistré par le chiffre d'affaires. Si elles ont permis de réaliser une partie de la production qui a été stockée, il faut remplacer le CA par la valeur de la production totale réalisée avec les consommations intermédiaires.

[22] *Fichier d'activités, Classe de Seconde*. Bordas Éditeur, Edition 2021.

[23] Les historiens de la pensée économique savent qu'il existait deux Adam Smith, et que le philosophe écrivait souvent contre l'économiste. Le premier a même critiqué ouvertement *la Fable des Abeilles*, écrite par Bernard de Mandeville, parue en 1714, et qui se terminait ainsi : *« La vertu seule ne peut faire vivre les nations dans la splendeur »*. Smith le moralisateur n'aurait jamais poussé quiconque au vice, mais en écrivant : *« Ce n'est pas de la bienveillance de mon boucher que j'attends mon repas mais bien du soin qu'il porte à ses intérêts »*, Smith l'économiste validait totalement l'idée selon laquelle les vertus morales ne sont pas bonnes pour le commerce.

[24] Thomas Malthus a laissé à la postérité une *théorie de la population* de sinistre réputation. Karl Marx, qui n'envisageait pas que la misère ne puisse être autre chose que le fruit des rapports de production capitalistes, a eu une influence néfaste sur la renommée de Malthus chez de nombreux philosophes et historiens qui, eux, ne l'ont jamais lu. En attendant que l'effondrement des ressources sous le poids d'une

population trop gourmande finisse par donner raison à Malthus, il faut rappeler à quel point il fut l'un des économistes les plus brillants de l'histoire de la pensée économique. David Ricardo, son contemporain, et John Maynard Keynes un siècle plus tard reconnaîtront leur dette envers ce penseur des obstacles à la croissance, qui recherchait le bien-être pour tous... même les plus indigents.

[25] Voir *Au-delà du PIB* (2008), reprise de son ouvrage *Qu'est-ce que la richesse ?* (QQR), Champs Flammarion, 1999.

Dominique Méda reproche à Malthus d'avoir voulu imposer une sorte de coup de force théorique. Selon elle, pour Malthus, *« la science économique doit désormais constituer notre cadre de référence stable, la condition de possibilité de nos calculs et de nos discours, et c'est cela qui importe »*. On conviendra que ce reproche constitue un curieux anachronisme, concernant un précurseur de ce qui deviendra la science économique beaucoup plus tard. Reprocher à Malthus d'avoir choisi la définition de la richesse qui servait le mieux l'émergence de sa discipline est une critique que l'on pourrait faire à tous les grands auteurs fondateurs des sciences humaines. Définir et circonscrire les concepts étudiés de la façon la plus pertinente est monnaie courante chez les penseurs anglo-saxons : c'est vraiment là leur moindre défaut, et leur en faire le reproche n'a absolument aucun sens.

[26] Lire *Dette, 5000 ans d'histoire (DAH)*, David Graeber, Les liens qui libèrent, 2013.

[27] Ce qui était vrai au commencement de la comptabilité nationale ne l'a plus été ensuite. André Valoni a pu écrire que *« la filiation méthodologique entre la comptabilité nationale et les estimations antérieures du revenu national n'est ainsi que partielle »* (HCN, p.49), autre façon de dire que la comptabilité nationale, en détaillant les comptes des agents économiques, est bien plus qu'une simple mesure des agrégats statistiques auxquels s'intéresse le grand public.

[28] Même si le temps requis pour compter ces chômeurs pose un véritable problème aux statisticiens : le temps de finir leur décompte, certains chômeurs ne le sont plus et d'autres actifs le sont devenus. C'est pour cela que Pôle emploi comptabilise les chômeurs « en fin de mois », à savoir à une date précise. Mais cette mesure ne peut être qu'une approximation du nombre réel de chômeurs, à une date donnée, que seul un observateur omniscient pourrait connaître.

[29] « Le patrimoine économique national en 2022 » Insee Première • n° 1967 • Septembre 2023.

[30] *La comptabilité nationale*, de Jean-Paul Piriou et Jacques Bournay, est réédité depuis bientôt 40 ans aux éditions La découverte.

[31] L'économie souterraine (ou clandestine, c'est-à-dire non déclarée) est le seul obstacle à la connaissance parfaite des revenus, ainsi que l'existence des paradis fiscaux. En économie, la transparence absolue n'est qu'une hypothèse théorique. Elle n'existe pas.

[32] Cette distinction était déjà faite par Aristote. Dans le chapitre IV de La richesse des Nations (De l'origine et de l'usage de la monnaie), Smith a posé le paradoxe de l'eau et du diamant, repris par tous les économistes après lui.

[33] Ceux que ce débat passionne pourront aller consulter ma conférence sur la richesse, disponible sur ma chaîne Youtube.

[34] Dans la même optique, Antonin Pottier a participé à un article très détaillé, de plus de 60 pages, sur les inégalités d'empreinte carbone entre les ultras riches et le reste de la population. Les auteurs montrent que ce sont surtout les capacités d'investissement des riches qui expliquent l'essentiel des inégalités d'émissions de CO2, plus que leur niveau de vie.
« Qui émet du CO2 ? Panorama critique des inégalités écologiques en France ». A. Pottier et al. Revue de l'OFCE, Mai 2020 (N° 169).

[35] Je rêve qu'advienne enfin le jour où cette boutade sera devenue incompréhensible aux nouvelles générations, pour lesquelles la fonction d'une « bonne épouse » ne sera plus de faire le ménage de son mari. Quand je l'explique en cours, je précise que l'on suppose qu'une fois mariée, la femme de ménage se sent tenue de continuer à faire le ménage gratuitement pour son mari. Mais si elle a intégré un tel rapport de domination avec son mari, peut-être aurait-il mieux valu qu'elle évite de l'épouser ? Au moins, quand elle était sa femme de ménage déclarée et rémunérée, le rapport de domination était transparent…

[36] On trouve cette maxime dans les *« Conseils à un jeune artisan »* rédigés en 1748 par Benjamin Franklin, suivi d'une foule de conseils pour ne surtout pas faire dormir son argent. Et l'on sait bien qu'au cœur de la plus grande puissance économique du monde, l'argent ne dort jamais. Texte disponible en ligne sur www.atramenta.net /lire/oeuvre15316-chapitre-15.html

[37] Désormais, n'importe quelle intelligence conversationnelle fait cela pour un prix dérisoire, voire presque nul. Par conséquent, l'ensemble des toasts de mariage qu'on fera rédiger par des IA dans le siècle à venir feront à peine frémir nos PIB.

[38] Traduit et publié dans *Courrier international* n° 1491, 19/05/2019.

[39] En particulier dans le chapitre 3 : *Marché contre société, les limites sociales de la croissance*, d'où je tire l'essentiel des citations qui suivent.

[40] Parrique fait comme si les économistes considéraient comme évidente la contribution de l'énergie aux facteurs de production. J'ai montré dans mes précédents ouvrages que ça n'a jamais été le cas.

[41] On doit cette notion à Amartya Sen, à l'origine économiste du bien-être et coauteur du fameux rapport Stiglitz-Sen-Fitoussi sur les indicateurs de bien-être : *Richesse des nations et bien-être des individus,* par Joseph Stiglitz, Amartya Sen et Jean-Paul Fitoussi, Ed. Odile Jacob, 2009.

[42] Me voilà tenu de justifier une fois de plus que l'affirmation selon laquelle l'économie est toujours politique ne doit pas servir à prendre n'importe quelle cause pour justifier n'importe quel effet, sous prétexte que la cause est honorable. À mon sens, un argument économique est d'autant plus pertinent qu'il est valable *quel que soit notre système de valeur*. Par exemple, *« le travail produit de la richesse »* est une affirmation qui est aussi exacte dans un monde de relations salariales que dans une société esclavagiste ou communiste. Le même mécanisme économique fonctionne, même si les cadres dans lesquels on l'observe diffèrent politiquement.

[43] Lire *La main visible des managers*, de l'historien Alfred Chandler Jr., Economica, 1977. Cet essai passionnant sur la naissance de l'entreprise moderne aux États-Unis montre qu'elle *« s'est substituée aux mécanismes du marché dans la tâche de coordonner les activités économiques et de répartir les ressources ».*

[44] *La grande transformation* (1947), de Karl Polanyi est une critique radicale de l'extension des activités marchandes et de leur impact délétère sur les relations sociales.

[45] Dans *ETAM*, j'avais adressé le même type de critique à Eloi Laurent, qui défend l'existence d'un système de santé performant au motif qu'il rend de nombreux services au système productif, en améliorant la productivité du capital humain.

[46] *Traité d'économie politique* (1803). « Chapitre 1 : Des fondements de la valeur des choses ».

[47] À lire (p.274) dans *Économie utile pour des temps difficiles,* coécrit avec Abhijit V. Banerjee, Points Essais, 2020

[48] *Cours complet d'économie politique* (1828-1829), J.-B. Say.

[49] *La comptabilité nationale*, pp.19 et 32.

[50] « We simply don't know », en anglais dans le texte.

[51] Pour un tour plus complet de cette question, on pourra se reporter soit à l'ouvrage de référence d'André Vanoli (HCN), soit à l'article de Didier Blanchet et al., « Valeurs, volumes et partages volume-prix : sur quelques questions (re)soulevées par la crise sanitaire ». Économie et statistiques, n° 532-33, 2022.

[52] En réalité, en enlevant les traitements des fonctionnaires à l'ensemble des dépenses des administrations publiques, on peut mesurer l'équivalent d'une valeur ajoutée produite par l'État.

[53] Certains observateurs et observatrices attentives ont remarqué que les revenus fictifs correspondant aux activités domestiques masculines (jardinage, par exemple) sont plus souvent pris en compte que les revenus du travail domestique des femmes. Cela permet d'accabler le PIB d'une tare supplémentaire : il serait une mesure sexiste. Qu'on me permette de rectifier : ce n'est pas le PIB qui est sexiste, c'est la société. Si les femmes et les hommes se partageaient à égalité les activités marchandes et non marchandes, le PIB en serait un témoin fidèle : car les femmes feraient autant de jardinage que les hommes, qui serait toujours comptabilisé, et tous feraient autant le ménage et la cuisine, qui ne sont pas valorisés. Aucun des deux genres ne serait dénigré par le mode de calcul actuel.

[54] Discours à l'Université du Kansas, 18 mars 1968. Disponible sur le blog de Tim Jackson qui a retrouvé l'archive audio de ce discours devenu un classique de la critique du PIB. À consulter sur :
https://cusp.ac.uk/themes/aetw/rfk-gdp50/

[55] Tim Jackson nous apprend sur son blog que c'est Adam Walinsky, juriste et assistant parlementaire de Bob Kennedy qui a sans doute rédigé ce discours historique. Il était capable d'envolées lyriques que Tim Jackson regrette de ne pas retrouver dans les groupes d'experts sur les indicateurs de richesse. À chacun son travail…

[56] *QQR,* Dominique Méda, pp.307-308

[57] Ironie de l'histoire, Adam Walinsky, l'auteur de ce discours, s'est fait remarquer en 2016 pour son soutien à la candidature de Donald Trump. Lire sur politico.com, september 21, 2016, *« I Was RFK's Speechwriter. Now I'm Voting for Trump. Here's Why.* ».

[58] En l'absence d'un système politique ayant fait la preuve de plus de vertus, je n'ai pas dit que les démocraties ne favorisent pas l'émergence de décisions collectives (bien que notre Ve République ne soit pas le cadre le plus propice pour cela). Mais se mettre d'accord sur un indicateur de richesse qui fasse l'unanimité est pour moi une

dépense d'énergie inutile. J'admets qu'il est assez paradoxal de dépenser la mienne pour le faire savoir. Je le fais en grande partie parce que certains critiques du PIB reposent leurs analyses sur des propositions qui me semblent contestables.

[59] *La gouvernance par les nombres*, Alain Supiot, Ed. Pluriel, 2020. Lire p. 177

[60] Le graphique donne l'évolution des tonnes-kilomètres transportées depuis 2008 par les transports fluvial, ferroviaire, routier et oléoduc (de haut en bas). Disponible sur le site de l'Autorité de régulation des transports.

[61] Cette partie puise l'essentiel de ses informations dans *L'économie du bonheur* (EDB), de Claudia Senik, Seuil, 2014.

[62] Publié dans *Nations and Households in Economic Growth.* Cette publication est un recueil d'articles en l'honneur de Moses Abramovitz, qui était un spécialiste de la croissance économique. On lui doit l'expression *« mesure de notre ignorance »* pour désigner la contribution de la productivité globale des facteurs à la croissance.

[63] On doit à Ronald F. Inglehart, décédé en 2021, la création de ce programme de recherche de sciences politiques. L'un de ses apports théoriques majeurs est d'avoir montré que le processus d'enrichissement des sociétés développées s'accompagne d'une transformation des systèmes de valeurs matérialistes en culture post-matérialiste. Les préoccupations pour l'environnement qui agitent nos sociétés riches en sont une parfaite illustration.

[64] Je remercie mon collègue Arnaud Guétin, professeur de philosophie, de m'avoir fourni cette précieuse référence.

[65] L'expression est de Serge Latouche et vise surtout l'imaginaire de la croissance économique et de ses bienfaits. Puisque le bien-être est lié au plus avoir, le moins avoir est forcément perçu comme un mal-être. Latouche voit là un obstacle majeur pour la transition vers une société de décroissance qu'il appelle pourtant de ses vœux. Voir *Le pari de la décroissance*, Pluriel, 2010.

[66] *« La croissance du PIB rendra-t-elle-elle les habitants des pays en développement plus heureux ? »*, Claudia Senik, Revue d'économie du développement, 2012/2-3 (vol.19)

[67] Les enseignants de Sciences économiques et sociales sont sous le feu des partisans de la croissance économique et des systèmes de marché depuis longtemps. Pourtant, le programme en vigueur depuis la réforme de 2019 fait une place minimale aux théories critiques de l'économie de marché mondialisée.

[68] Cette conférence (incluant ma question et la réponse de Timothée) est disponible en vidéo sur Youtube, sous le titre *UniverShifté 2023 | La décroissance comme chemin, la post-croissance comme destination*, mis en ligne le 27 octobre 2023.

[69] Je poursuis tout au long de ce chapitre une réflexion menée depuis *Merci les pauvres !* (MLP) publié en 2018 chez L'Harmattan, et auquel je renvoie les lecteurs qui veulent aller plus loin.

[70] J'ai développé ce point dans *STEM,* chap.6, « Sortir de l'infantilisation marchande ».

[71] Les étudiants en économie auront reconnu ici la fameuse théorie des avantages comparatifs de David Ricardo, principale justification de la spécialisation des pays dans le commerce international.

[72] Et un peu plus que d'autres étudiants en économie, puisque j'ai obtenu un master d'économétrie, avant de passer le CAPES et l'agrégation en Sciences économiques et sociales.

[73] J'ai trouvé le rappel de ce sophisme dans un article de David Cayla intitulé « En finir avec le PIB ? », qui rejoint l'essentiel de mes arguments en faveur du PIB, sans en tirer du tout les mêmes leçons que moi. Car David Cayla s'oppose à la décroissance, comme il l'affirme dans un autre article intitulé « Réflexions sur le bon usage du PIB » et publié sur le site *Le temps des ruptures*, le 7/6/23. D. Cayla, à la suite de T. Parrique, considère la décroissance comme un projet irréaliste. Certes, il précise que *« la baisse du PIB, et en tous cas la fin de sa hausse indéfinie, sera sans doute nécessaire, à terme, pour éviter l'effondrement écologique »*. Elle n'est pas « nécessaire », selon moi, comme serait nécessaire la baisse des inégalités. Elle est inévitable.

[74] *Ce qu'on voit et ce qu'on ne voit pas* est le titre de son essai sorti en 1850. La propension de Bastiat à raisonner à l'aide d'histoires simples en a fait un économiste très dénigré, considéré comme trop littéraire à une époque où l'économie s'est parée des atours de la représentation mathématique. Bastiat a été récupéré par l'école autrichienne d'économie, menée par Friedrich Hayek, ce qui a fini de le rendre infréquentable aux yeux des keynésiens et des marxistes.

[75] Le livre d'Hervé Kempf, *Comment les riches détruisent la planète*, Ed. Points (2009), porte assez mal son titre. L'auteur s'attache à montrer comment les riches dominent le monde et se maintiennent du bon côté des inégalités. Mais il ne dit pas *comment* font les riches pour détruire la planète, alors que c'est assez simple, comme nous allons le voir : ils consomment plus de ressources et rejettent plus de déchets dans l'environnement que n'importe qui d'autre.

[76] Je renvoie de nouveau à l'étude de Pottier *et al.* qui pose en détail la question de l'attribution des émissions de CO2. Cf. note 34.
[77] C'est la définition française d'un déchet, parue au Journal Officiel du 16 juillet 1975. Voir *Homo Détritus*, (HoD), Baptiste Monsaingeon, Seuil, 2017 (p.27)
[78] Voir les travaux d'Aurore Stéphant, conférencière et membre de l'association Systext (Systèmes Extractifs et Environnements). Conférences en ligne, notamment *« Réalités minières et limites matérielles »* faite à l'UNIL (Université de Lauzanne) le 26/09/23.
[79] L'expression est due à l'équipe Meadows, et se trouve dans le rapport qui porte leur nom, publié sous le titre *Les limites de la croissance,* Ed. Rue de l'Échiquier (première édition en 1972).
[80] HoD, p.13
[81] Voir *Vortex, Faire face à l'Anthropocène* (Ed. Payot, 2023) de L. Testot et N. Wallenhorst. J'en ai tiré plusieurs informations pour cette partie, ainsi que les citations entre guillemets.
[82] *Vortex*, p.146
[83] Plus d'explications sur le site du centre de cancérologie Léon Bérard, à www.cancer-environnement.fr
[84] Il a fallu attendre près de 20 ans pour que l'exploitant de l'incinérateur (la communauté d'agglomération Melun Val-de-Seine) soit condamné pour mise en danger délibérée de la vie d'autrui, car les seuils qui dépassaient largement les normes étaient largement connus. Article sur l'incinérateur de Vaux-le-Pénil à retrouver sur le site de zerowastfrance.org, daté du 15 janvier 2020.
[85] *« La production nécessite également des consommations intermédiaires (matières premières, énergie) qui disparaissent dans le processus de production »*, peut-on lire dans *Le bel avenir de la croissance, leçons du XXe siècle pour le futur,* de Gilbert Cette et al., publié en 2018 chez Odile Jacob. Ni vue ni connue, l'énergie a donc « disparu » dans le produit fini : on se demande bien à quoi correspondent les émissions de CO2 dans l'esprit de ces économistes !
[86] La photo des objets en question est encore visible sur le site qui faisait la promotion de cette exposition passionnante. Voir sur : https://www.lyoncapitale.fr/actualite/les-jours-heureux-une-exposition-sur-les-trente-glorieuses-s-ouvre-au-musee-urbain-tony-garnier-a-lyon
[87] Lire *Notre poison quotidien*, Ed. La découverte, 2013, de Marie-Monique Robin, qui compile un nombre d'études scientifiques

éloquentes sur le sujet. Elle y détaille précisément la notion d'effet cocktail que j'évoque par la suite.

[88] C'est parce que le tungstène est le métal qui a le plus haut point de fusion (il ne fond pas avant 3422 °C !) qu'il était le candidat idéal pour ce type d'ampoules dont Thomas Edison avait eu l'intuition.

[89] Il s'agit des médicaments, y compris les pilules abortives et les antibiotiques, ainsi que les pesticides et autres produits chimiques industriels, très largement diffusés par notre mode de vie dit « développé ». Les dangers sur la santé de ces xénobiotiques ont longtemps été occultés en raison de leur utilité sociale, souvent incontestable.

[90] Lire *« Au cours du XXe siècle, plus de 100 000 molécules ont été conçues par l'industrie chimique »*, entretien avec Stéphane Frioux, en ligne sur le site zerodeconduite.net.

[91] Lire *« L'association fait le poison. Nouveau regard sur l'effet cocktail des xénobiotiques et les interactions médicamenteuses »* publié le 2 mai 2016 sur le site des publications scientifiques de l'Inserm, medecinesciences.org.

[92] Un contradicteur de mauvaise foi dira qu'avec un tel raisonnement, on pourrait prouver que tout existe, mais ce n'est pas du tout ce que j'ai dit. Tout converge pour laisser à penser que cette corrélation très difficile à mesurer est une réalité incontestable. Une étude sur le sujet serait la bienvenue, bien sûr, mais encore faudrait-il qu'une institution s'empare de la question et finance cette recherche.

[93] Car l'effet de serre (dont le CO2 est un acteur majeur) reste tout de même ce mécanisme étonnant qui fait que l'atmosphère concentre la chaleur des rayons du soleil dans une sorte de serre chauffante sans laquelle ils repartiraient comme ils sont venus, nous laissant sur terre une ambiance aussi glaciale (-18°) que celle de toutes les autres planètes. Pour le CO2, c'est vraiment la dose qui fait le poison !

[94] Graphique emprunté à un site climato-réaliste (?), qui serait bien content de pouvoir montrer que les émissions de CO2 ne jouent aucun rôle dans la dérive climatique mais qui en est incapable. En fait, la conclusion que les auteurs du site tirent de ce graphique par pays est qu'il est inutile de faire quoi que ce soit dans les pays riches, puisque les pays pauvres, en s'enrichissant, vont finir d'accélérer la dérive climatique. Ce qui est une excuse classique à l'inaction.

[95] Graphique à retrouver sur son site jancovici.com, sous le titre *« Vive la croissance verte ! »*, du 24 janvier 2021.

[96] L'élasticité la plus utilisée en économie reste celle qui compare l'évolution de la demande d'un bien à celle de son prix, conformément à la loi de l'offre et de la demande. On la nomme *élasticité-prix*. Celle que l'on évoque ici est *l'élasticité-revenu* de la demande.
[97] À lire dans Hélène Tordjman, *La croissance verte contre la nature, critique de l'écologie marchande*, Ed. La Découverte, 2021.
[98] *La bombe P*, Paul Ehrlich, Ed. J'ai lu, 1971. Ce livre, dont le succès a été énorme dans les pays riches, a été l'étendard des écologistes de la première heure, en particulier René Dumont et l'association « Les amis de la terre », qui ont fait connaître le livre en France dès 1969. Paul Ehrlich, quelques années avant le rapport Meadows qui subira le même sort, sera honteusement caricaturé par ses opposants libéraux ou marxistes pour son malthusianisme assumé mais parfaitement humaniste. À l'époque, il faisait la promotion de la pilule contraceptive et de l'éducation des jeunes filles, alors que l'avortement restait un crime dans la plupart des pays, en particulier le nôtre.
[99] Lire *À l'aube de la 6° extinction*, de Bruno David, Ed. Grasset, 2021.
[100] La démonstration se trouve dans *STEM (p.38)*
[101] À ce jour, le travail le plus utile du Shift Project reste sans doute un *Plan de transformation de l'économie française (PTEF)* qui tente d'évaluer, secteur par secteur, les marges de réduction des émissions de CO2 envisageables dans les décennies à venir. Tous les problèmes environnementaux ne trouveront pas leur solution dans ce plan, mais il faut bien commencer par un bout du problème…
[102] *Les usages du PIB*, Pierre Lachaise et Julien Morel, The Shift Project, avril 2013
[103] En effet, si la monnaie est l'unité de mesure universelle des revenus, chaque zone monétaire a son propre étalon de mesure, à savoir sa propre monnaie. Or, il se trouve que les marchés proposent des taux de change entre monnaies qui donnent rarement des équivalences de pouvoir d'achat. Comme pour les prix, une autre cuisine statistique est nécessaire pour rendre ces mesures équivalentes : ce sont les parités de pouvoir d'achat (PPA).
[104] Dans *The Law of Retail Gravitation*, publié en 1931. À l'époque, le PIB n'existant pas, c'étaient des enquêtes de consommation qui donnaient le « poids » d'une aire commerciale. Depuis, le chiffre d'affaires ou la valeur ajoutée ont pris avantageusement le relais.
[105] *« Dépenses publiques et PIB : un calcul trompeur »,* Bruno Tinel, Alternatives économiques, 14 janvier 2022

[106] Lire *« Merci pour le futur que vous nous proposez » : Macron interpellé par un jeune dans le Finistère sur son « inaction politique »*, sur lefigaro.fr du 3/11/2023.
[107] RoP, p.216
[108] RoP, p.273
[109].Olivier de Schutter, professeur de droit et rapporteur à l'ONU sur la question de la pauvreté, fait le même type de réflexion dans un entretien mené pour la chaîne Youtube *Mebolism of cities*, dont on peut retrouver la vidéo sous le titre « Pourquoi la croissance crée de la pauvreté ? » (14/02/24). Il y affirme notamment, à propos des solutions préconisées pour sortir de la pauvreté : *« L'impact sur le PIB m'est indifférent »*. On ne peut pas traiter dans le même entretien le PIB de *« monstre avide »* et voir la croissance des revenus d'un bon œil quand c'est pour la bonne cause.
[110] « La santé sociale des nouvelles régions françaises et son évolution (2008-2016) » , working paper de la Fondation Maison des Sciences de l'Homme, par Florence Jany-Catrice & Grégory Marlier, publié en septembre 2020, disponible en ligne.
[111] *« Perspectives pour nos petits-enfants »*, John Maynard Keynes.
[112] Cf « Le revenu universel ne nous fera pas moins travailler, au contraire », Jean Latreille, Tribune publiée dans Le Monde, 29/04/21
[113] De nombreux témoignages circulent venant d'individus qui ont tenté un retour à la terre, une tendance qui accompagne la prise de conscience du problème climatique. Le bilan actuel est complexe, mais une certitude émerge : personne ne sait vivre en autarcie complète. Nous dépendons toujours du travail des autres.
[114] *Le nouvel État industriel*, John K. Galbraith, 1967 (Ed. Gallimard).
[115] *DAH,* David Graeber, p.148
[116] Dans son essai sur la dette, David Graeber évoque la possibilité de développer des pratiques bancaires sans intérêt
[117] Appliqué à un seul produit, il est nommé *paradoxe de Jevons*. Je parle ici de l'effet rebond dans son acception la plus large. Voir *ETAM*.
[118] https://commission.europa.eu/topics/competition_fr
[119] La prospective économique esquissée dans ce petit essai m'empêche de discuter de la faisabilité politique d'un tel projet. Pourtant, en dernier lieu, c'est bien elle qui décidera de l'avenir de nos ressources, de notre climat et de la biodiversité.
[120] *Théorie de la classe de loisir*, Thorstein Veblen, 1899, Gallimard.
[121] *Les innovations, mais pour quoi faire ?* (IPF), Franck Aggeri, Seuil, 2023.

[122] IPF, p.177
[123] IPF, p.135
[124] Pour une critique en règle des théories de Phlippe Aghion, se reporter à mon précédent essai : *Escronomistes !...*
[125] *En finir avec la productivité. Critique féministe d'une notion phare du monde du travail*, Laetitia Vitaud, Payot, 2022. C'est une critique féministe de la notion de productivité. L'auteure déplore qu'on ne s'intéresse qu'aux gains de productivité des activités marchandes. Le pire serait pourtant de faire entre les activités non marchandes dans la logique productiviste.
[126] De quoi avons-nous vraiment besoin ? Les économistes atterrés, Ed. Les liens qui libèrent, 2021.
[127] Certains auront reconnu le titre de la BD à succès de Jean-Marc Jancovici et Christophe Blain, qui ont réussi l'exploit d'intituler *Le monde sans fin* un ouvrage qui rappelle à chaque page qu'il est désespérément fini.
[128] RoP, p.219, Chap.7, Un projet de société, vers la post-croissance.
[129] *Vers une société de post-croissance*, Dominique Méda et alii, Coll. Mikros, 2018.
[130] *Prospérité sans croissance, Les fondations pour l'économie de demain*, De Boeck Supérieur, 2017
[131] Dans *Peut-on encore croire au progrès*, Ed. L'aube, 2023, Collectif.
[132] Jézabel Couppey-Soubeyran *et al.* ont fait un gros travail dans ce sens, avec *Le pouvoir de la monnaie, Transformons la monnaie pour transformer la société*, Ed. Les liens qui libèrent, 2024.
[133] *Futuribles* (no 449. Juillet-Aout 2022). Les trois auteurs ont également publié *Le bel avenir de la croissance,* déjà cité, qui a obtenu le prix Turgot de la pédagogie économique. Un essai de pure théorie néo-schumpétérienne.
[134] Il en existe pourtant d'autres, mais elles nécessitent de repenser le rôle de la monnaie, de la dette et des taux d'intérêt : Cf. *Une monnaie écologique* d'Alain Grandjean et Nicolas Dufrêne, Ed. Odile Jacob, 2020 ou *Le pouvoir de la Monnaie*, cité note 132.
[135] Valoni, HCN, p.534 pour les deux citations.
[136] P.270, Timothée Parrique parle de *« **valeur arrachée,** sorte de razzia du domaine social et écologique »* à partir d'un certain seuil de PIB. L'expression est une belle trouvaille. Mais ce n'est pas un simple problème de *croissance excessive* : c'est dès le premier euro de PIB que la valeur est arrachée à la nature.

Revue « Marché et Organisations »

Promouvoir la recherche originale sur les relations de plus en plus étroites entre le marché et les organisations. Les acteurs économiques de taille, de puissance et de pouvoir différents dont les intérêts peuvent être convergents, complémentaires ou, le plus souvent, antagoniques, ont tendance à organiser les marchés. La raison du marché, pourtant, est la référence stratégique pour l'entreprise ainsi que pour les institutions publiques de décision économique.

N°6 : Entrepreneuriat et accompagnement. Outils, actions et paradigmes nouveaux, 2008
N°7 : Développement durable des territoires. Economie sociale, environnement et innovations, 2008
N°8 : Développement durable et responsabilité sociale des acteurs, 2009
N°9 : Gouvernance : exercices de pouvoir, 2009
N°10 : Le travail collaboratif. Une innovation générique, 2009
N°11 : Economie sociale et solidaire. Nouvelles trajectoires d'innovations, 2010
N°12 : Relations à la marque et marques de la relation. Regards croisés sur le management relationnel de la marque, 2010
N°13 : Les contrats au service de la recherche ?, 2011
N°14 : Le potentiel économique de l'Afrique subsaharienne, 2011
N°15 : Management de la distribution, 2012
N°16 : Territoire Vert. Entreprises, Institutions, Innovations, 2012
N°17 : Eco-conception, conception et innovation. Les nouveaux défis de l'entreprise, 2013
N°18 : Intelligence économique : entreprises et territoires, 2013
N°19 : La finance globale. Un monde fini, 2013
N°20 : La crise du « développement », 2014
N°21 : La Chine innove. Politiques publiques et stratégies d'entreprise, 2014
N°22 : Go East! Nouvelles Economies de Marché, 2015
N°23 : L'économie du changement, 2015
N°24 : Le temps des artisans. Permanences et mutations, 2015
N°25 : Innovations de proximité et esprit d'entreprise, 2016
N°26 : L'avenir des économies du Maghreb : entre inertie structurelle et envie de rupture, 2016/3 (n° 27)
N°27 : Le sport aux frontières du marché du travail, 2016
N°28 : Dynamiques internationales des entreprises, 2017
N°29 : L'univers du risque, 2017
N°30 : Les petites entreprises dans l'histoire industrielle, 2017
N°31 : Economie sociale et *social business* ? Au défi d'entreprendre et se financer, 2018
N°32 : Éducation et fertilisation des économies africaines, 2018
N°33 : L'entrepreneuriat innovant dans les pays du Maghreb, 2018
N°34 : L'entrepreneuriat scientifique : institutions et innovation, 2019
N°35 : Le champ économique de la culture, 2019
N°36 : Economie sociale et solidaire ? Modèles d'innovation et modes de gouvernance, 2019
N°37 : Rethinking Luxury Business, 2020
N°38 : La santé connectée. Nouvelles technologies et réorganisation des soins, 2020
N°39 : Options stratégiques et systèmes complexes d'innovation, 2020
N°40 : Les services : intégration des systèmes productifs et lien social, 2021
N°41 : Crise pandémique, crise globale. Réalité et controverses théoriques, 2021
N°42 : La crise de la covid-19. Le marché et les organisations en perspective, 2021
N°43 : (Re)faire système. *Bug & reset*, 2022
N°44 : Aléas du marché et management du risque, 2022
N°45 : Le renouveau du transport et de la logistique : les systèmes d'information, 2022
N°46 : Entrepreneuriat et innovation dans l'enseignement supérieur, 2023
N°47 : Le tourisme créatif. Culture, créativité, patrimoine, management, 2023
N°48 : L'Afrique : questions de performances, 2023
N°49 : *Fintech* en sciences du management, 2024

https://www.cairn.info/revue-marche-et-organisations.htm

Collection « L'esprit économique »

fondée par Sophie Boutillier et Dimitri Uzunidis en 1996

Dernières parutions

► ***Série Economie et Innovation***

T. MICHAUD, *Le projet spatial européen, entre pragmatisme et imagination*, 2020.

J.-P. SCHMITT, N. RAVIDAT, *Management conjoint de la technologie et de la personne. Pour performer et croitre*, 2020.

Y. EL YAHYAOUI, *Economie des plateformes numériques. Captation de la valeur, pouvoir de marché et communs collaboratifs*, 2021.

G. DUTHIL, *Handicap et insertion professionnelle*, 2022.

T. MICHAUD, *La science-fiction institutionnelle*, 2023.

► ***Série Le Monde en Questions***

J. PIERRE-JUSTIN VIRAPATIRIN, *La petite économie insulaire de la Guadeloupe. Bilan, enjeux et perspectives*, 2022.

K. ESSAF, *Les Sukuk : aspects théoriques, rendement et risques*, 2022.

C. GALLOUJ, S. GALLOUJ, *Grande distribution non alimentaire au Maroc. GSS, grands magasins, malls, franchises et e-commerce*, 2023.

C. SARI, *Valeur relative de la monnaie et taux de change. Vers la fin de l'étalon dollar ?*, 2023.

G. DUTHIL, N. POLINI, *La Défense nationale*, 2023.

A. DAGHER, *La crise financière du Liban : taux de change, FMI, politique monétaire*, 2023.

G. BAYOH, *Ecosystème des transferts internationaux d'argent et développement durable : Contraintes et solutions*, 2024.

► ***Série Krisis***

R. DELORME, *La complexité autrement. Une réponse nouvelle à la pandémie et à d'autres phénomènes sociaux complexes*, 2022.

V. YEFIMOV, *L'ordre social monétaire. L'économie discursive défit le courant dominant et l'économie narrative*, 2022.

M. WIELEZYNSKI, *La loi du marché post-esclavagiste. Une approche critique*, 2023.

G. MINART, *Condorcet économiste : un libéralisme économique au service du bien public*, 2023.

A. MANRAY, *Petit traité de gouvernance à l'usage des despotes éclairés*, 2024.

► ***Série Clichés***

S. BOUTILLIER, D. UZUNIDIS (dir.), *La Russie européenne. Du passé composé au futur antérieur*, 2008.

R. VOLPI, *La négociation. Pain, paix, liberté*, 2009.

B. S. BONBON, *Géométrie parabolique tridimensionnelle ou perspective parabolique*, 2023.

S. BOUTILLIER, B. LAPERCHE, S. T. K. LE, *Ports industriels en transition : De l'économie circulaire à la décarbonation*, 2024.

► ***Série Cours Principaux***

A. MBULI LANDU, *Le memo d'un comptable. Approche par le SYSCOHADA révisé*, 2021.

M. EL KARRIM, *Introduction à l'économétrie appliquée*, 2022.

Z. FIRANO, *Fondements de la finance de marché. Théories et applications*, 2022.

Y. KEHO, *Introduction à l'économétrie appliquée sous EVIEWS, Rappels de cours et illustrations pratiques*, 2023.

K. AMZILE, *Intelligence artificielle et modélisation du risque de crédit*, 2023.

B. LANDAIS, *Macroéconomie. Les fondamentaux*, 2024.

A. KATFI, O. EL MNOUER (dir.), *Mathématiques financières. Cours d'initiation et exercices corrigés*, 2024.

► ***Série L'économie formelle***

J. LATREILLE, *Sale temps pour l'économie marchande*, 2021.

J. LATREILLE, *Escronomistes ! Ces théories qui abîment le monde*, 2022.

M. FOUQUIN, *Dettes publiques à long terme et souveraineté nationale : enseignements des crises du XIIe au XXIe siècle*, 2023.

J.-P. ROSELLO, *Marchés financiers, capital financier et crises systémiques*, 2024.

J.-L. VILLOUTREIX, *L'eau coule à Aguad : un conte économique*, 2024.

B. MEUNIER, *L'insoutenable dette publique de la France*, 2024.

Structures éditoriales du groupe L'Harmattan

L'Harmattan Italie
Via degli Artisti, 15
10124 Torino
harmattan.italia@gmail.com

L'Harmattan Hongrie
Kossuth l. u. 14-16.
1053 Budapest
harmattan@harmattan.hu

L'Harmattan Sénégal
10 VDN en face Mermoz
BP 45034 Dakar-Fann
senharmattan@gmail.com

L'Harmattan Cameroun
TSINGA/FECAFOOT
BP 11486 Yaoundé
inkoukam@gmail.com

L'Harmattan Burkina Faso
Achille Somé – tengnule@hotmail.fr

L'Harmattan Guinée
Almamya, rue KA 028 OKB Agency
BP 3470 Conakry
harmattanguinee@yahoo.fr

L'Harmattan RDC
185, avenue Nyangwe
Commune de Lingwala – Kinshasa
matangilamusadila@yahoo.fr

L'Harmattan Congo
219, avenue Nelson Mandela
BP 2874 Brazzaville
harmattan.congo@yahoo.fr

L'Harmattan Mali
ACI 2000 - Immeuble Mgr Jean Marie Cisse
Bureau 10
BP 145 Bamako-Mali
mali@harmattan.fr

L'Harmattan Togo
Djidjole – Lomé
Maison Amela
face EPP BATOME
ddamela@aol.com

L'Harmattan Côte d'Ivoire
Résidence Karl – Cité des Arts
Abidjan-Cocody
03 BP 1588 Abidjan
espace_harmattan.ci@hotmail.fr

Nos librairies en France

Librairie internationale
16, rue des Écoles
75005 Paris
librairie.internationale@harmattan.fr
01 40 46 79 11
www.librairieharmattan.com

Librairie des savoirs
21, rue des Écoles
75005 Paris
librairie.sh@harmattan.fr
01 46 34 13 71
www.librairieharmattansh.com

Librairie Le Lucernaire
53, rue Notre-Dame-des-Champs
75006 Paris
librairie@lucernaire.fr
01 42 22 67 13

www.ingramcontent.com/pod-product-compliance
Lightning Source LLC
LaVergne TN
LVHW010944061026
849535LV00007B/2567